职业教育课程改革创新教材
职业教育旅游服务类专业系列教材

邮轮服务与管理

主　编　何晓颖

副主编　陈　颖　乐秀娜

参　编　缪红意　谢洁琼　高　虹　林　儿

机械工业出版社

随着邮轮经济强有力的发展，中等职业学校开始致力于海洋旅游专业的建设，把培养邮轮服务人员作为海洋旅游专业的一个发展方向。本书的编写遵循教育部对职业教育的要求，理论和实践相结合，注重学生动手能力的培养，有助于提高专业教学的针对性，提高学生对邮轮服务与管理的认识，以更好地适应邮轮服务的要求。

本书分为四个项目：邮轮知识概述、邮轮客房服务、邮轮餐饮服务、邮轮康乐服务。在"邮轮餐饮服务"中特别加入了邮轮餐饮服务实践和邮轮酒吧服务实践。

本书可以作为中等职业学校旅游类专业的教材，也可以作为相关行业的实训教材。

图书在版编目（CIP）数据

邮轮服务与管理/何晓颖主编．—北京：机械工业出版社，2015.6（2022.8 重印）

职业教育课程改革创新教材　职业教育旅游服务类专业系列教材

ISBN 978-7-111-49749-3

Ⅰ．①邮… Ⅱ．①何… Ⅲ．①旅游船—旅游服务—职业教育—教材 ②旅游船—经济管理—职业教育—教材 Ⅳ．①F590.7

中国版本图书馆 CIP 数据核字（2015）第 057726 号

机械工业出版社（北京市百万庄大街22号　邮政编码100037）
策划编辑：聂志磊　　责任编辑：聂志磊　孟晓琳
责任校对：李丽婷　　封面设计：陈　沛
责任印制：邓　敏
中煤（北京）印务有限公司印刷
2022 年 8 月第 1 版第 5 次印刷
184mm×260mm・6.75 印张・174 千字
标准书号：ISBN 978-7-111-49749-3
定价：22.00 元

电话服务　　　　　　　　　网络服务
客服电话：010-88361066　　机　工　官　网：www.cmpbook.com
　　　　　010-88379833　　机　工　官　博：weibo.com/cmp1952
　　　　　010-68326294　　金　书　网：www.golden-book.com
封底无防伪标均为盗版　　　机工教育服务网：www.cmpedu.com

前言 Preface

　　随着世界经济一体化的发展，邮轮经济产业得到了飞速发展，邮轮产业将成为我国经济增长的新方式、新领域，对拉动我国经济内需有重要意义。在此背景下产生的邮轮服务也越来越显示出其重要地位。

　　邮轮经济的发展呼唤专业人才的培养，编者很早就开始致力于海洋旅游专业的建设，并与舟山群岛国际邮轮港有限公司合作，把培养邮轮服务人员作为海洋旅游专业的一个发展方向。

　　本书由何晓颖担任主编，完成教材调研、整体策划和"邮轮餐饮服务"、"邮轮客房服务"章节的编写，陈颖完成"邮轮康乐服务"和"邮轮知识概述"章节的编写，乐秀娜完成本教材英文部分的翻译工作，缪红意、谢洁琼、高虹、林儿完成市场调研问卷的设计、发放和整理工作。

　　由于本专业目前在国内处于起步阶段，相关教材的开发甚少，因此希望通过本书的编写，提高专业教学的针对性，提高学生对邮轮管理与服务的认识，以更好地适应邮轮服务的要求。

　　本书在编写过程中，适逢教师们参加新加坡丽星邮轮上海公司的集训，在此感谢丽星邮轮公司对本书的指导，同时感谢舟山群岛国际邮轮港有限公司的大力帮助。

编　者

目录 Content

前言

第一章 邮轮知识概述 1

第二章 邮轮客房服务 7
    第一节 客房部对客服务概述 8
    第二节 邮轮对客服务要点 10
    第三节 对客服务的程序、标准及质量控制 14

第三章 邮轮餐饮服务 19
    第一节 邮轮餐饮部服务概述 20
    第二节 邮轮餐饮服务英语 23
    第三节 邮轮餐饮服务实践 36
    第四节 邮轮酒吧服务实践 61

第四章 邮轮康乐服务 81
    第一节 康乐部组织机构的设置及管理 82
    第二节 康乐部的优质服务 88
    第三节 康乐部投诉的处理 98
    第四节 处理投诉的原则和方法 101

参考文献 104

第一章
邮轮知识概述

学习目标:

1. 掌握邮轮及邮轮旅游的基础知识。
2. 了解邮轮业的发展概况。
3. 了解目前世界邮轮的典型航线。

一、邮轮及邮轮旅游的含义

1. 邮轮

邮轮（Cruise Ship）原指海洋上定线、定期航行的大型客运轮船，早期还负责运载邮件的任务。因为多与邮政事业有关，于是被称为邮轮。

随着航空技术和旅游业的发展，原本意义上作为客运或邮政运输的邮轮渐渐退出历史舞台，取而代之的是定位完全不同的豪华邮轮，邮轮上配备有齐全的生活、娱乐、休闲与度假的各类设施。实质上，邮轮就是一种"漂浮的酒店"，是漂浮在海面上的"超五星级宾馆"，常被称为"无目的地的目的地"和"海上流动度假村"等。

2. 邮轮旅游

邮轮旅游是一种以大型豪华游船为载体，以海上巡游为主要形式，以船上活动和岸上游览为主要内容的高端旅游活动。在市场拉动、产业带动和政策推动等多重有利环境下，邮轮旅游已经成为我国旅游业新的增长点和转型升级的重要内容。

二、邮轮业的发展

1. 世界邮轮业

现代邮轮产业起步于20世纪60年代，进入21世纪以后，世界邮轮经济发展迅猛，一些国际大都市在经济发展中相继渗入了"邮轮经济"的元素。从需求状况来看，世界邮轮协会（Cruise Lines International Association，CLIA）的数据表明，从1981年到2008年，世界邮轮存量以平均7.2%的速度迅速扩充，2009年到2013年以平均6.3%的速度继续增长；截至2008年，全球CLIA成员企业的邮轮船舶总数为185艘；从2000年到2010年，总共有142艘新邮轮下水，每艘可以容纳500~3 000人，且邮轮上的舱位绝大多数为双铺舱位，部分舱位可以容纳3~5人；自2013年以来，每年以双铺舱位为标准的舱位利用率都在94%以上。从消费市场来看，北美是最大的邮轮市场，最著名的旅游目的地是加勒比海、地中海和阿拉斯加等。

2. 中国邮轮业

在旅游业快速增长的背景下，中国发展邮轮经济的时机日趋成熟，中国邮轮产业凭借优越的地理位置、独具魅力的东方文化、丰富的旅游资源和潜力巨大的客源市场，成为亚洲邮轮市场的核心组成部分。目前，我国已建成上海国际客运中心、厦门海峡邮轮中心、三亚凤凰岛国际客运中心、天津港邮轮码头、上海宝山邮轮码头、大连国际邮轮码头等设施较为齐全的邮轮港口。

中国邮轮产业的发展离不开中国政府和各级地方政府的大力扶持。近几年，相关部门出台了一系列发展邮轮产业、深化邮轮经济的政策。2008年6月出台了《促进我国邮轮业发展的指导意见》；2009年10月19日，允许国际邮轮公司在华开展多点挂靠业务，游客可以在邮轮停靠的任一港口离船登陆观光，并简化了多点挂靠时的游客检查手续；2009年12月国务院发布了《关于加快发展旅游业的意见》，首次提出"要把旅游业培育成为中国国民经济的重要产业，要培育新的旅游消费热点，支持有条件地区发展邮轮、游艇等新兴旅游；把邮轮、游艇等旅游装备制造业纳入国家鼓励类产业项目"；2010年11月24日《国际邮轮口岸旅游服务规范》（LB/T 017—2011）行业标准通过全国旅游标准委员会审查，该规范从接待服务、服务设施与服务项目、安全要求、卫生要求、服务信息传递和综合管理等方面对我国邮轮港口的相关服务进行了规范,是目前我国第一个国家级邮轮行业标准。这一系列政策的出台有力地拉动了中国邮轮经济的发展。此外,近年召开的"中国邮轮产业发展大会""国际邮轮博览会"和"中国邮轮产业发展高峰论坛"等,广泛吸引了政府部门、邮轮公司、旅行社和学术机构共同探究邮轮业的发展趋势,为中国邮轮经济的发展出谋划策。

三、邮轮港口的发展

1. 世界邮轮港口的分布

世界主要邮轮母港大都分布在北美、欧洲和东南亚地区,见表1-1。

表1-1 世界邮轮港口的分布

地区	代表国家	代表城市	客运码头数	规模
北美	美国	迈阿密	12个超级码头	可同时停泊20艘邮轮
欧洲	西班牙	巴塞罗那	6个客运码头	可同时停泊9艘邮轮
亚洲	中国	香港	启德邮轮码头	可提供两个均可停泊世界上最大型邮轮的泊位
			九龙尖沙咀海运码头	同时停靠2艘大型邮轮
	新加坡	新加坡	5个邮轮码头	可同时停泊8艘邮轮

2. 世界三大邮轮公司简介

当今世界三大邮轮公司是嘉年华公司、皇家加勒比海邮轮公司与丽星邮轮公司,见表1-2。三大公司载客能力占整个邮轮产业的80%。

表1-2 当今世界三大邮轮公司

总公司	嘉年华公司	皇家加勒比海邮轮公司	丽星邮轮公司
分公司	嘉年华邮轮公司、公主邮轮公司	皇家加勒比海国际邮轮、名声邮轮公司	丽星邮轮集团、挪威邮轮集团
船舶数量	12个品牌77艘	5大系列27艘邮轮	3个品牌22艘
航线	遍布世界各大风景秀美的海域	遍布美洲、欧洲、加勒比海地区	遍及亚太区、南北美洲、加勒比海、阿拉斯加、欧洲、地中海、百慕大及南极
主要业务区及特点	各子公司独立经营,保持各自的风格。在全球规模最大,年收益最高	在加勒比海地区业务尤为红火	主要是亚太地区,特色航线和灵活服务是其最大特点
总部	迈阿密	迈阿密和佛罗里达	丽星邮轮的企业总部位于中国香港,行销及营运总部分别位于新加坡及马来西亚
成立时间	1972年、1965年	1969年	1993年

> **➡ 小知识**
>
> 在世界上,法国、德国、意大利、芬兰、美国和日本等基本上垄断了国际邮轮的设计与建造。

3．商业服务的条件

邮轮到港的消费很重要的一部分就是餐饮、宾馆，所以作为邮轮母港，至少要有几家五星级酒店和相当数量的四星级酒店，以满足游客高质量的餐饮和住宿需求。邮轮母港对服务业的要求非常高，必须为旅客提供全天候多渠道的售票及保险等业务，同时对邮轮到港的各种码头服务也是要求很高的。

4．旅游交通的条件

邮轮产业对港口后方陆域交通条件要求严格，凡是好的邮轮公司都有比较便利的交通运输条件，并且附近都有高品质的旅游景点。一艘邮轮载有相当于6架波音747飞机的客人，且其主要目标是消费旅游，这对于提升一个城市的消费量和旅游业的作用是巨大的。旅游资源是否丰富、景区分布是否合理、景点是否密集、海陆空港是否齐备、交通是否发达、与周边城市及周边国家联系是否紧密等都是制约一个港口成为邮轮母港的重要因素。

5．物资供应的条件

邮轮的物资供应包括邮轮自身的补给与维修、油料添加、码头泊位使用、进出港引航、海上必需品采购、淡水添置等。邮轮的物资消耗是巨大的，如仅一个丽星邮轮公司的东亚船队，每年就要消费7000万只鸡蛋和8000多吨蔬菜，其物资供应工作的繁重可见一斑。

6．金融保险的条件

金融保险业对邮轮经济的发展至关重要。各行业全面发展、各类金融机构聚集、服务功能完善的金融体系是邮轮港口的必要条件。保险业又包括船舶的保险和游客的保险等。

7．邮轮乘客地区分布

邮轮乘客大多分布于美国、亚洲、英国、德国、加拿大、意大利、新西兰、法国及欧洲其他地方。

四、邮轮市场营销

一些热门航线，像冬季的加勒比海、夏季的阿拉斯加以及夏季欧洲地中海的几条航线，每逢旺季一定名船云集。尽管每艘船有其固定的航线，途径的港口和航程的长短也各不相同，但其目的地均是一些热门的港口。

邮轮通常晚航早达，像是移动中的酒店，这是坐船游埠最大的优势。有人喜欢多访问几个地方的航程，也有人喜欢少上岸多休闲的航程。以下是一些重要航线的简单介绍。

1．加勒比海——阳光海滩

加勒比海是邮轮的天堂，具备了全年温和的气候，地理位置虽偏南，却受季候风的调节不会过分酷热。这里共有多达7000余个海岛，一周的航线可以访问4~8个埠。几家大的邮轮公司都在此拥有私家岛，岛上拥有完善的设施和免税购物环境。

2．阿拉斯加——必游胜地

阿拉斯加的旅游旺季大约自5月底开始，最晚至10月初，这段时期也正逢加勒比海的淡季，不少7万吨级的巨轮纷纷经巴拿马运河调往此处。

3．地中海——声东击西

地中海拥有着很多有趣的国家和城市，因此有着多种不同的航程设计。但一般而言，主要为西地中海和东地中海两大方向的航线。

4．地中海以外欧航——城市风光

自波罗的海航线推出以来，一直大受欢迎。此线往北走可看丹麦、瑞典、挪威、芬兰等，甚至可兼及德国和波兰。同样是看城市，此线没有地中海西线夏季的炎热。许多客人至爱的欧洲航线，要首推北极之旅。此外，还有"巴拿马运河——奇迹之旅""南美行程——壮观之旅""环游世界兼渡大西洋——刺激之旅"等。

五、特色邮轮公司简介

1．Star Clippers——扬帆荡漾

Star Clippers 操作两艘 3 025 吨的帆船（帆不是装饰品，而是风帆），80%的时间利用风力航行，提供约达四星级的服务，适合运动型的乘客。

2．Windstar Cruises——悠然自得

Windstar Cruises 操作三艘 5 350 吨及一艘达 14 745 吨的计算机操作风帆，约 40%的时间用风力航行，提供四星级以上的准豪华服务，适宜喜欢完全自由自在的乘客。餐食颇佳，采用 Open-seating 制，可谓是豪华舒适的帆船。14 745 吨的 Wind Surf（姊妹船是 Club Med 2）尤其舒适。

3．Orient Line——不寻常之旅

Orient Line 属下的 Marco Polo 是一艘原来意义上的邮船，其船身特别厚，适于在极地做类似探险的航行。船上设直升机机坪及登陆用橡皮艇，行走较不平常的航线，为丽星集团成员公司。

4．Saga Shipping——"老人船"的宁静

Saga Shipping 之前为 Cunard 公司的五星船，现公司提供四星级优良服务，且收费合理。其特色是乘客的年龄至少要四五十岁。"老人船"的好处是宁静。

5．Festival Cruises——欧陆气氛

Festival Cruises 是一家不可轻视的以欧洲客路为主的船公司。过去操作三艘较小的船（Azur、Bolero、Flamenco），但 1999 年下水的 Mistral 达 47 276 吨。提供四星级服务，饮食水准高于一般四星船，两间餐厅也有较多的双人桌子。船的吨位类似 Celebrity 的 Horizon，但乘客的空间尤胜后者。此船及三艘较小的船在夏季行走地中海航线。船上通用货币为欧元。

6．Paquet Cruises——名家随船演奏

Paquet Cruises 是一家法国公司，它只操作一艘 14 173 吨的 1957 年的老爷船 Mermoz。每年夏天，它都会举办 Classical Music Festival At Sea，常有名家随船演奏。船虽旧，但法式餐食出色，而且采用一次坐席制。

7．Hobridean island Cruises——高水平的服务

Hobridean island Cruises 备受好评的 Hebridean Princess 是仅重 2 112 吨，能载 49 位客人的 1964 年的旧船。公司把船重新装修至最高水平，提供最高级的饮食与服务。它是少数的五星级豪华船之一，行走苏格兰海岸航线。2001 年另有新船下水行走地中海，收费很高，提供的是高水准服务。

第二章
邮轮客房服务

学习目标：

1. 了解客房部在邮轮中的地位与功能。
2. 了解客房部的服务要点。
3. 掌握客房部的质量监控。

第一节

客房部对客服务概述

一、客房部的含义

客房部又称房务中心,是邮轮中管理有关客房事物的部门,也是邮轮的基本设施和主体部分。客房部不仅为宾客提供优雅的住宿环境,而且还担负着邮轮公共区域的清洁、所有布件的运作以及洗衣服务等工作。

二、对客服务项目的设立

(一)对客服务项目设立的依据

客房部提供哪些服务项目,采用什么样的对客服务模式,会在一定程度上影响顾客的满意度。由于各邮轮的规格不同,目标客源的市场需求不同,再加上其他的诸多因素,这就要求客房部根据各自的具体情况,综合考虑多种因素,确定所要提供的服务项目,并选择恰当的服务模式。

(二)对客服务项目的具体设立

客房部在设立对客服务项目时,应考虑诸多方面的因素,主要包括以下几个方面。

1. 国际惯例

参照国际惯例设立服务项目是与国际同行业接轨的具体体现,而且邮轮的客人也期望能享受到国际标准的服务。例如,对于遗留物品的保管、物品的租借等服务,大多数星级邮轮的客人均有此需求。

2. 行业标准

行业标准是评定邮轮是否符合等级要求的主要标准,也是各邮轮客房部在设立服务项目时考虑的最主要因素。

3. 目标客源的市场需求

满足客人的需求始终是邮轮工作努力的方向。邮轮的类型不同,客源市场也会不同,不同的客源市场对客房服务有不同的要求。

4. 其他因素

其他一些因素也会对客房服务项目的设立及其具体服务内容有一定的影响。这些因素包括邮轮的类型、硬件条件、房价、成本费用及劳动力市场等。

邮轮为客人提供尽可能全面的服务，不仅可以满足客人的需求，使其更觉舒适与方便，而且还可以体现邮轮的规格和档次，引导和刺激客人消费，最终达到名利双收的目的。

三、客房部对客服务模式

不同的对客服务模式具有不同的特点，对软硬件有不同的要求，从效果上看各有利弊，重要的是能否在综合考虑各种因素的基础上进行选择。

（一）对客服务的模式

目前，邮轮客房主要有楼层值台服务和客房中心服务两种模式。

1．楼层值台服务模式

该模式即在客房楼层设立服务台，配备专职服务员。这种模式是客房服务中最基本、最传统、最普通的一种模式。

楼层值台服务的优点是有利于加强面对面的对客服务，突出对客人的体贴服务，而且有利于对楼层的安全管理，尤其适合于车站等人流量大、治安较乱的地区。但这种模式也有不足的一面，就是花费的人力较多，不太适合现在邮轮所提倡的"开源节流"的发展趋势。

2．客房中心服务模式

客房中心服务模式可以有效减少人员编制，有利于建立专业化对客服务组织，强化客房管理。由于对客服务沟通方式的改变，每个楼层1天3个班次就可省3名员工。所用人员减少，费用就会大大降低，对客服务就会更专业，服务质量也更容易控制。

客房中心联络员以电话服务为主，由于人数不多，所以客房中心的员工招聘、培训及管理工作相对来说要容易得多。除了提供电话服务以外，客房中心还承担着客房与其他部门、客房部内部的信息传递、工作协调、出勤控制、钥匙管理、遗留物品管理、资料汇集等工作，从而使得部门的管理更加规范化。目前，大部分邮轮均采用这一服务模式。

除了以上两种模式外，有些邮轮采用既设立客房中心又设立楼层服务台的综合模式，以吸取前两种模式的优点且克服其部分缺点：白天，楼层服务台有专职服务员，因为白天楼层事务以及对客服务工作任务较多，楼层服务员的工作量较为饱和；夜间大多数住客都已休息，对客服务的工作也较少，一般不安排专人值台。如果客人需要服务，可由夜班服务员提供。

（二）对客服务模式的选择和设计

邮轮采用哪种客房对客服务模式取决于多方面因素。

1．客源的类别与层次

通常情况下，高档次邮轮会采用客房中心服务模式运行。特别豪华的邮轮为了进一步提高其服务规格，往往会在部分楼层提供值台服务，这些楼层被称为商务楼层。该楼层的值台员被称为侍者或管家，他们所提供的服务项目和服务规格要多于且高于一般的值台服务。

2．硬件条件

邮轮在选择服务模式时，首先要考虑服务的垂直交通问题。有相当一部分邮轮，在建筑设计时没有考虑安装员工电梯，或电梯数量严重不足，如果设立客房中心就会影响对客服务的速度。其次要考虑安全监控系统、锁匙系统是否完善，能否适应客房中心这一服务模式。最后还应考虑邮轮的建筑特点。

3．安全条件

邮轮的安全设施也是选择服务模式应考虑的条件之一。安全性高、安全设施完备的邮轮，采用客房中心服务模式较适合；反之，则采用楼层值台服务模式较好。

4．劳动力成本

从成本的角度考虑，邮轮要根据当地劳动力成本的高低来选样其服务模式。一般在经济发达地区劳动力成本较高，员工的素质也比较高，采用客房中心服务模式较可行；反之，则采用楼层值台服务模式较合适。

第二节 邮轮对客服务要点

一、对客服务的特点和要求

对宾客进行分类，了解客房服务的特点和要求，并提供针对性服务，是确保高质量对客服务的前提。

（一）客房服务的主要特点

1．具有"家"的环境与气氛

既然邮轮的宗旨是为客人提供一个"家外之家"，因此，是否能够给予客人"家"的温馨、舒适、安全、方便等，就成为邮轮对客服务成败的因素之一。在对客服务中，客房服务人员扮演着"管家""侍者"的身份，因此要留意客人的生活习惯等，以便提供针对性服务，给客人"家"的感受。

2．对客服务的表现形式"明""暗"兼有

餐饮部等部门的对客服务表现为频繁地接触客人，提供面对面的服务，而客房部服务是通过有形的客房产品表现出来的。如客人进入客房后是通过床铺的整洁、地面的洁净、服务指南的方便程度等感受到客房服务人员的服务的。客房对客服务的这一特点，使客房服务人员成为邮轮的幕后英雄，但这并不表示没有面对面的对客服务，如送、取客衣，客房清扫等。因此，服务人员在对客服务时也要讲究礼节。客房对客服务形式"明""暗"兼有的这一特点对客房服务人员的素质提出了很高的要求。

(二) 宾客的类型与特点

邮轮的宾客来自于世界各地及社会的各阶层，他们的旅行组织方式及旅行目的不一，他们有着不同的背景、不同的生活习惯、不同的兴趣爱好，以及不同的宗教信仰等。

1. 按旅游目的划分

（1）观光客人。这类客人以游览为主要目的，喜欢照相、购买旅游纪念品等。据统计，全世界邮轮客源中，此类型客人占53%。因此，接待好他们对邮轮经营至关重要。

（2）蜜月旅游客人。此类客人一般对房间有一定要求，如大床间、外景佳、房间整洁等，如果为他们做特别布置，效果会更佳。他们比较反感被打扰，因此在服务上要注意时间的安排。

（3）会议旅游客人。此类客人人数多、用房多、活动有规律，且时间集中，因此客房服务任务重，要求也很严格。客房部在服务时要注意服务人员的灵活调配及会议室、客房、公共场所的合理布置和利用等，并随时留意房间内信封、信纸、笔等文具、用具的配备。

（4）竞赛、演出型客人。这类客人以参加当地比赛或演出为目的，他们对客房洗衣服务的要求较高，且服务需求较集中。

（5）其他类型的客人。因旅游者旅游的目的不同，还有购物型、探亲访友型、宗教朝拜型等。

2. 旅行的组织方式划分

（1）散客。散客主要是指个人、家庭及15人以下自行结伴的旅游者。其中，大部分是因公出差的商务客人，少部分是旅游观光客人。这类客人平均消费水平较高，对客房的硬件和软件都有较高要求。在客房的硬件方面，他们多选择大床间，要求客房内有计算机接口及不间断电源，办公设备及用品齐全等；在客房软件方面，他们要求客房的服务项目齐全、服务快捷高效，客房清扫整理的时间安排合理且高水准，不希望经常被打扰。

（2）团体客人。团体客人大多数以旅游观光为目的，旅游团的活动一般有组织、有计划，日程紧、观光时间少。邮轮虽然给团体客人的房价折扣较大，但由于出租的房间数量多，因此，其客房收入对邮轮来说也很可观。

3. 按宾客身份划分

（1）商务客人。此类客人对服务及接待标准要求很高。住店期间，客房服务人员应避免过多进入客人房间，注意尊重客人的隐私，并提供高质量的客房对客服务。

（2）新闻记者。此类客人生活节奏快，因此对服务的效率有一定要求。

（3）专家学者。此类客人多喜欢清净的客房及舒适、周到的服务。

（4）体育、文艺工作人员。此类客人以团体形式为主，其特点和要求已在前文中介绍。

此外，各公司都有自己的重点接待客人，这部分客人被称为贵宾。邮轮业非常重视对贵宾的接待，凡符合以下条件之一者，均被大部分邮轮视为贵宾：著名企业家、艺术家及社会名流等；对邮轮业务有极大帮助或可能给邮轮带来效益者；与邮轮同系统的机构负责人或高级职员；邮轮同行等。一般来说，对于贵宾的接待规格要高于普通客人，但贵宾中的接待规格也有所不同，邮轮往往对其进行分组并制定相应的接待标准。

（三）对客服务的要求

曾有业内人士对"服务"一词进行分析，得出它由七重含义构成，并且这七重含义的英文首字母刚好构成了"service"，它们分别是：真诚（sincere）、效率（efficient）、随时做好服务准备（ready to serve）、可见（visible）、全员销售意识（informative）、礼貌（courteous）、出色（excellent）。这七重含义贯穿于对客服务的全过程。客房对客服务是邮轮服务的主体之一。客人在下榻期间，逗留在客房内的时间最长，客房部对客服务水准的高低在很大程度上决定了客人对邮轮产品的满意程度。这就要求客房部的对客服务要以与其星级相称的服务程序及制度为基础，以营造整洁、舒适、安全和具有魅力的客房为前提，随时为客人提供真诚主动、礼貌热情、耐心周到、准确高效的服务，使客人"高兴而来，满意而归"。

二、特殊的对客服务

（一）贵宾服务

贵宾是接待的重点，在贵宾接待中应特别注意以下问题。

1. 及时传递信息

贵宾接待通知单是客房部接待贵宾的主要信息来源和依据。客房部管理人员应对此单认真研究，并将有关信息和需要采取的措施传达给所有相关人员，以确保其根据此单的要求进行准备。

2. 注意细节，精益求精

邮轮管理和服务水平的高低往往见于细节之中，因此，在接待贵宾的过程中要特别注意细节，做到精益求精。

3. 确保员工尽可能地用姓氏或尊称称呼客人

客房中心通常会将贵宾通知单放在醒目的位置，将贵宾的姓名和房号写在客房部、洗衣房办公室以及楼层工作间的告示白板上。客房部管理人员的任务是确保部门员工记住有关的信息，并在与客人的交往中加以使用。

4. 提供针对性的服务

客房部的管理人员应认真查看客史档案和贵宾接待通知单，并根据客人的具体情况提供针对性的服务。善于观察细节并提供相应的服务是高质量客房服务的体现，客房服务员在整理客房时往往能从某个细节了解到客人的需求。

5. 尽量不打扰客人

减少过多检查；将清扫时间安排在早晨 9:30 以后；掌握下午的小整理及夜床服务时间等。

6. 服务适度

从环保的角度考虑，无须过于频繁地更换一次性用品以及针棉织品；妥善处理茶水续杯等问题；合理安排宾客入住手续办理等。

（二）洗衣服务

越来越多的邮轮提供洗衣服务，但是洗衣服务带来的投诉却不容忽视。在收取客衣的过程中要特别注意以下一些问题。

（1）客衣组在接到快洗及贵宾送衣电话后，应在 10 分钟内赶到相应楼层收取客衣；在接到正常收衣电话后，应在 30 分钟内赶到楼层收取客衣。

（2）凡是放在床上、沙发上，未经客人吩咐、未放在洗衣袋内的衣服不能收取。

（3）在使用塑料洗衣袋的邮轮，服务员在收取客衣时应用记号笔在洗衣袋上写上房号。

（4）检查洗衣袋内是否有洗衣单，洗衣单上的房号是否与房间的房号一致，单上有关项目的填写是否符合要求，衣服的数量是否正确。

（5）不要将客衣随意乱放，不要把洗衣袋放在地上拖着走，要爱护客人的衣服，对于需熨烫的高级时装应用衣架挂好。

（6）楼层服务员要配合客衣服务员的工作，发现客人把客衣袋挂在门外上时，要将其收至楼层工作间并电话告知客衣组。

（7）大部分邮轮规定了正常送洗的截止时间，客衣组服务员应在此时间后巡视一遍楼层，确保不漏收客衣。有的邮轮客房部甚至要求楼层服务员在这一时间进房检查（但不能打扰客人）。

（8）收到的所有送洗衣物均需记录在"客衣收衣记录表"上。

目前返送客衣的惯例是每天在 18:00 左右直接将客衣送到客房。统一时间返送可以节约人力资源，当然准确无误是送返客衣工作中需要特别注意的问题。为适应环保的需要，一些高星级邮轮用本白色棉布洗衣袋替代塑料洗衣袋，用柳藤篮取代塑料送衣袋。

（三）房内小酒吧服务

通常在邮轮的客房设有小酒吧，最初由餐饮部管理，为了减少打扰客人的次数，增加与客人的有效沟通，逐步转由客房部管理。

在房内小酒吧的配备方面，客房部管理人员首先要根据邮轮的规格及目标市场，确定饮料的配备品种及各品种的数量。然后再设计小酒吧账单，账单上应列出饮料及其他备品的品种、数量、价格及有关注意事项。目前，邮轮所用的账单多为无碳复写纸，一式三联，两联送前台收款，其中第一联作为计账凭证，第二联以备客人结账时查看，第三联则由客房部留存。如果用四联小酒吧账单则更好，这样就可在检查过饮料消费后，将一联留在客房内，供客人了解饮料的消费情况。此外，房内还需配备饮料杯、酒杯、杯垫、调酒棒、开瓶器等用品。

客房部需定期统计和盘点小酒吧饮料，确保所有房内小酒吧饮料都在保质期内，这是小酒吧服务与管理工作中的一个重点。大型邮轮，尤其在淡季，会出现餐饮部、康乐部消化不了客房部即将过期饮料的情况，报损率也因此而提高。为解决这一问题，邮轮可以与供货商进行协商，将从房内撤出的饮料与供货商调换，但前提通常是撤出的饮料须距保质期三个月以上。客房部管理人员应注意定期研究客人的消费情况，根据客人的需求来调整小酒吧的品种。

（四）拾遗服务

邮轮的客人会经常在旅途中将个人物品遗忘在客房或邮轮的公共区域，邮轮有责任为其妥善保管遗留物品。

在提供遗留物品保管过程中，应特别注意以下一些问题。

1．遗留物品必须归口管理

遗留物品的管理需要一套严密的程序，归口管理不仅可以提高效率，而且会使错误率降至最低限度。

2．明确专人管理

在设有客房中心的邮轮上，遗留物品一般由中心服务员负责登记和保管。一般来说，需按时对遗留物品储存柜进行清点和整理。

3．配备必要的贮存柜

邮轮要视自身的规格配备放置遗留物品的橱柜，一些大型高星级邮轮甚至要设专门的遗留物品贮存室。

4．确定保管期

邮轮行业对遗留物品的保管期没有硬性规定，惯例为3～6个月。贵重物品和现金的保管期一般为6～12个月，水果、食品为2～3天，药物为2周左右。衣物类在保存前应先送洗衣房洗净。

5．确定保管期后的处理方式

按国际同行的惯例，遗留物品应归物品的拾获者，贵重物品和现金须上交给邮轮。在找不到失主的情况下，一些邮轮会将物品拍卖并将所得钱款捐给慈善机构。

客房部的员工在处理客人遗留的文件、资料时应特别慎重，凡没被放进垃圾筒的，都应被视为遗留物品，不可将其随意扔掉。

6．客人遗留物品查询

对于客人对遗留物品的问询，客房部应及时给予答复。

第三节

对客服务的程序、标准及质量控制

客房部是邮轮上主要的对客服务部门之一。该部门对客服务质量的高低，在很大程度上决定了邮轮产品的品质。因此，客房部管理人员必须把对客服务质量控制当作一项最重要的工作环节。

一、对客服务程序

（一）对客服务程序的重要性

对客服务程序是指通过书面的形式对某一服务进行描述。其重要性在于以下两方面。

1．使客房服务规范化

对客服务程序的制定，能使邮轮服务摆脱传统作业方式，使本来较琐碎的、看似杂乱无章、带有很强随机性的服务工作能够规范化，有章对照，使服务工作从随心所欲的状态转为有规则的和有一定标准的状态。

2．便于培训

有了书面程序，培训就会有章可循，在操作上也简单易行，还可避免不同的培训员，其培训内容不一致的问题。

（二）对客服务程序的制定

对客服务程序的制定是一项十分重要的工作。服务程序科学与否，会直接影响到客房的服务质量，直接决定了客房服务水平的高低。因此，制定服务程序是一项慎重而细致的工作。在制定对客服务程序时要考虑以下因素。

1．宾客的需求

服务是为宾客提供的，服务程序也要满足客人的需求。制定程序前必须明确客人对客房服务的需求，对其进行详细的调查和分析。

2．邮轮的特点

服务程序要与邮轮的档次、风格、管理等方面协调一致。研究邮轮的特点时，要综合考虑邮轮的接待对象、客房部组织形式、服务模式、员工素质等各方面的情况。

3．先进水平

服务程序要有时代感，并要具有一定的超前性，因而要了解邮轮业客房服务的先进水平，洞悉各种服务的合理和不合理之处，从而集各家之长，为己所用。

4．动作及作业研究

在编制程序前，要对每个作业进行过程分析和动作分析，把这些分析资料作为依据保存起来。

客房部管理人员是制定对客服务程序的参与者和组织者。在制定服务程序的过程中，要尽可能地让客房员工参与讨论，该过程本身就是对员工的一种培训。由员工参与制定的服务程序不仅更加符合实际、操作性强，而且程序的落实效果也会更好。

二、对客服务标准

（一）建立优质服务标准的重要性

1．确立目标

书面的服务标准为客房部的所有成员确立了努力目标，使他们明确为什么而努力，以及要努力到什么程度，从而使工作有重点，不偏离方向。

2．传达期望

准确、简洁、可衡量以及可操作的服务标准，形成了所有服务行业的衡量基础。通过标准的建立，可以向所有成员传达"这是我们大家共同期望的，这是我们所有人都要求的，这就是出色工作的确切含义"。

3．创造有价值的整理工具

一旦制定出一整套的服务标准，就会成为招聘新员工、制定工作职责以及做出任免决定的部分依据。此外，服务标准还是制定员工表现评估制度的基础。

（二）对客服务标准的制定

1．高质量对客服务标准

（1）准确：表达清楚而准确。

（2）简洁：简短且能说明问题。

（3）可衡量：可以看得到，可以被衡量。

（4）可操作：实用并能达到。

2．客房部对客服务具体标准

（1）服务程序标准。此标准是服务环节的操作顺序标准，即在服务操作上先做什么，后做什么。该标准是保证服务全面、准确及流畅的前提条件。

（2）服务效率标准。此标准是对客服务的时效标准。这项标准是保证客人能得到及时、快捷、有效服务的前提条件，也是客房服务质量的保证。

（3）服务设施、用品标准。此标准是邮轮为客人所提供的设施、用品的质量、数量标准。这项标准是控制硬件方面影响服务质量的有效方法。它是从质量、数量、状态三个方面去制定的标准。

（4）服务状态标准。此标准是对服务人员言行举止所规定的标准，如接待客人时要站立服务、面带微笑、使用敬语等。

（5）服务技能标准。此标准是对客房服务人员应达到的服务操作水平所制定的标准，如各式铺床标准、浴室清洁标准、抹拂之标准、做夜床的标准等。只有熟练掌握服务技能，才能提供优质的服务。

（6）服务规格标准。此标准是针对不同类型宾客制定的不同规格标准。如在贵宾的房间放置鲜花、水果，根据贵宾的不同级别还需布置其他物品，根据长住客人的客史档案记录来布置房间。

（7）服务质量检查和事故处理标准。此标准是对上述各项标准贯彻执行情况的检查标准，也是衡量客房服务质量是否有效的尺度。

三、对客服务工作的质量控制

客房部管理人员应把质量控制的重点放在事先控制、事中控制及事后控制三个环节上。无论哪个环节发生问题，都会破坏整个服务循环，使服务工作不能进行，进而产生不良影响，甚至造成难以弥补的损失。

（一）事先控制

在事先控制环节中，客房部管理人员应注意以下要点。

1．制定程序和标准

程序和标准的制定是管理的基础，也是质量控制的依据。管理人员不仅要重视程序和标准的制定，而且还要注意根据各种因素的变化，不断地对其进行修改和完善。

2．加强培训

加强对员工的培训是确保对客服务质量的重要手段。在对员工进行对客服务规范培训的基础上，还应着重进行个性化服务的培训，提高员工对客服务的灵活性，把正确处理宾客投诉作为重中之重。培训的形式要多样化，组织员工对典型问题进行讨论，不仅可以找到正确的服务方法，而且该过程本身就是一种很好的培训。

3．预测问题并采取积极有效的防范措施

在管理上防患于未然比亡羊补牢要更经济、更有效。客房部管理人员最好能预测出次月在对客服务中可能出现的问题。其方法是查阅前两年的资料，找出同期所发生的问题。此外，根据次月的客情预测及本邮轮所要开展的活动，再结合其他各方面的情况，分析可能出现的问题。针对这些问题，部门管理人员研究出对策，并采取具体的措施。如能始终坚持这种预测方法，必定能收到事半功倍的效果。

4．加强沟通和协调

客房部管理人员要建立良好的信息沟通系统，疏通沟通渠道。客房部所设计的表格及工作程序要便于信息的传递和反馈，要完善会议及交班制度。通过以上方法来确保对客服务信息的畅通，使客人的需求得到满足。

5．建立客房部内部检查体系

只有建立了检查体系，才能确保对客服务的正常进行。客房部内部应实行逐级检查制，管理人员不仅要注意清洁工作的逐级检查，更要重视对客服务方面的质量检查。

（二）事中控制

在事中控制环节中，客房部管理人员的走动式管理显得比其他部门更重要，因为客房部人员相对分散，要确保对客服务的质量，管职人员就必须多走动，多亲临现场。只有这样才能及时发现问题并采取补救措施。客房管理人员还应重视搜集宾客反馈，以了解宾客需求，发现问题。

（三）事后控制

虽然从时间上说晚了些，但亡羊补牢，犹未为晚。客房部在对客服务方面的事后控制上有以下几种方法。

1．定期分析宾客意见

对宾客意见进行分类，排除宾客投诉的主要问题，分析原因，并采取相应措施。部门管理

水平和对客服务质量就是要在不断解决主要矛盾的过程中得以提高。

2．定期召开部门质量分析会

客房部的主要管理人员要负责此项工作，会前要有专人进行准备，参加者也应有所准备。这类会议不仅能找到部门对客服务中存在的问题，研究出对策，而且能增强部门全体员工的质量意识。

3．及时进行整改

根据宾客需求的变化，对服务程序和标准进行修改，对服务用品进行调整。

4．将宾客投诉的问题与工作表现评估挂钩

对于宾客投诉率高的问题，评估分值将占较大比重。采取这样的措施后，员工将特别注意改善对客服务态度，宾客对这方面的投诉势必减少。随着宾客对服务态度投诉的减少，对其他问题的投诉率就会相对增加。客房部可建议邮轮根据新的情况制定新的评估评分标准，长此以往，宾客的投诉将会大大减少。

第三章
邮轮餐饮服务

学习目标：

1. 了解邮轮服务餐饮部组织结构，掌握服务人员必备服务礼仪和职业素养。
2. 掌握邮轮服务常用餐饮英语及相关情景描述。
3. 掌握餐饮服务实训的各项技能，包括职业素养技能。
4. 掌握酒吧服务实训的各项技能，包括职业素养技能。

第一节 邮轮餐饮部服务概述

餐饮部是邮轮组织机构中的重要组成部分,其管辖范围广,环节多,经营点分散,分工细。餐饮部员工人数多,工种广,文化程度和年龄层次差异大。餐饮部的组织机构是确定该部门各成员之间、所属部门之间相互关系的结构,其目的是增强实现本部门经营目标的能力,更好地组织和控制所属员工和群体活动,实现组织目标。

邮轮上的餐饮部往往有一个主餐厅,供举办大型宴会用,其下设有各个中餐厅、西餐厅、酒吧、茶吧等,布置都相当豪华、高档。

一、餐饮组织结构设计的原则

不同邮轮餐饮部门的类型、规模和组成各不相同,这不仅由于各邮轮的市场定位、餐厅接待规模、经营方式有所不同,而且还由于经营管理者的经营理念和管理模式不同。尽管如此,邮轮餐饮部组织机构的设置都应该遵循:精简与效率统一的原则;权利和责任相适应的原则;集中与民主相结合的原则。

二、邮轮餐饮部常见组织机构模式

因邮轮规模不同、经营思路各异,餐饮组织机构模式也不尽相同,下面是常见的邮轮餐饮部组织结构(见图3-1)。

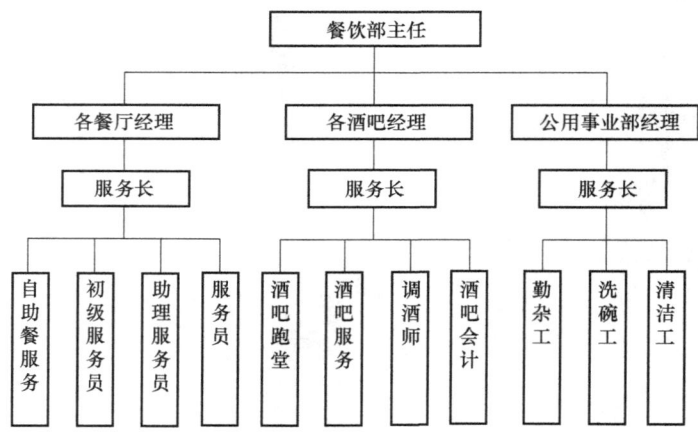

图3-1 常见的邮轮餐饮部组织结构图

三、邮轮餐饮部工作人员的素质要求

（一）邮轮餐饮部管理人员的素质要求

1. **具有多年邮轮或高星级酒店餐饮管理者的工作经验**

邮轮餐饮部门是直接面对宾客的部门。客情瞬息万变，服务质量至关重要，这就要求餐饮部管理者必须具备丰富的管理经验。

2. **较高的外语水平**

邮轮接待的宾客基本上来自世界各地，所以邮轮上的工作人员都要求具备一定的外语水平。作为邮轮餐饮部管理人员，对外语的要求更高。

3. **良好的个人形象和素养**

作为邮轮上的餐饮部管理人员，要有非常优秀的语言、行为和知识素养，要非常注重个人形象，给客人以非常良好的印象。

4. **强烈的事业心和工作动力**

邮轮上的工作相比陆上是比较单调乏味的。作为餐饮部管理人员，负责管理整个餐饮部的正常运转，工作压力非常巨大，这就要求餐饮部管理人员具有强烈的事业心和工作动力。

5. **旺盛的精力和良好的体魄**

邮轮上的工作非常辛苦，餐饮部管理人员的工作更是如此。无论是精神上还是体力上，都会承受常人无法想象的压力。所以只有拥有旺盛的精力和良好的体魄，才能胜任这一工作。

6. **良好的业务素质和较宽的知识面**

邮轮餐饮部管理人员的文化程度要高，具备系统全面的邮轮基础知识和专业知识，了解宗教、哲学、美学、心理学、艺术、法律、历史、地理等各方面相关知识，掌握邮轮管理知识和经验，受过严格的操作训练，掌握熟练的服务技巧。

7. **优秀的个人品质和良好的人际沟通能力**

优秀的管理者应该具备优秀的个人品质。友善亲和，平易近人，明辨是非，善于倾听，能够积极对待工作和同事，与上下级关系融洽；同时必须具备良好的人际关系处理能力，善于与人沟通协调，处理各种投诉与突发事件。

8. **良好的组织协调能力**

优秀的管理人员应能够充分利用人、财、物等资源，带领全体员工共同完成各项任务，同时能够协调好内部上下级之间、与其他部门之间以及与外部客人之间的矛盾，以实现预定目标，取得最佳效益。

9. **良好的语言、文字表达能力**

语言是人与人之间沟通交流的工具。邮轮上的优质服务更需要良好的语言和文字表达能力。餐饮部管理人员要求语言文明、礼貌、简明、清晰，并在适当的时候能用幽默机智的语言与宾客进行沟通；文字表达要求清晰流畅。

10．良好的应变能力

邮轮宾客来自世界各地，相对来说素质较高，需求多样且多变。邮轮餐饮部的工作主要是为宾客提供面对面的服务。这就要求餐饮部管理人员必须具有灵活机智的应变能力，遇事沉着冷静，及时应变，善于应对突发事件，充分体现"宾客至上，服务第一"的服务宗旨，尽量满足客人的需求。

11．有管理能力和创新意识

作为管理人员，要不断提高决策能力，更好地实现组织目标，要具有计划、组织、控制、执行等管理能力，即懂得如何在操作中统筹工作，如何组织日常工作，如何控制工作成果，如何执行各种任务等。

12．具有销售意识和推销能力

作为餐饮部的管理者，必须具有非常强烈的销售意识，善于揣摩宾客的心理，能够根据宾客的国籍、民族、喜好、习惯及消费能力进行积极主动、适时灵活的推销，以尽量提高宾客的消费水平，从而提高餐饮部的经济效益。

（二）邮轮餐饮服务人员的素质要求

1．思想素质要求

良好的思想素质包括政治思想素质以及专业思想素质和价值观，这是做好服务工作的基础。

邮轮工作比较特殊，面对的大多是外国客人。这就要求服务员在服务工作中树立正确的世界观，严格遵守外事纪律，讲原则，讲团结，识大体，顾大局，不卑不亢，不做有损国格和人格的事；树立牢固的专业思想，充分认识到餐饮服务知识对提高服务质量的重要作用，热爱本职工作，在工作中不断努力学习，养成良好的行为习惯，将企业和消费者的利益放在第一位，提供尽善尽美的服务。

2．服务态度要求

餐饮服务人员应牢固树立"宾客至上，服务第一"的专业意识，在服务工作中做到：主动、热情、耐心、周到。处处为客人着想，将服务工作做到细致入微、面面俱到、周密稳妥的地步，做到眼勤、口勤、手勤、脚勤、心勤。

3．服务知识要求

服务知识指基础知识、专业知识等相关知识，包括员工守则、服务意识、礼貌礼节、职业道德、外事纪律、邮轮安全与卫生、服务心理学、外语知识、岗位职责、工作程序、运转表单、管理制度、设施设备的使用与保养、邮轮的服务项目及营业时间、沟通技巧等。

4．相关能力要求

相关能力要求指语言能力、应变能力、推销能力、观察能力、自律能力、服从与协作能力等。邮轮餐饮服务人员应能根据客人的爱好、习惯及消费能力进行灵活推销，以尽量提高客人的消费水平，从而提高邮轮餐饮部的经济效益。服务人员还应具有较好的语言表达能力，同时要具有一定的外语水平，应能讲一口流利的英语，与客人沟通无障碍。要有强烈的服从意识，对上级的指示要坚决贯彻执行，对客人的要求要在合理、可行的情况下想尽办法予以满足。

5．职业习惯要求

习惯是人们日积月累形成的行为趋向，一旦形成就很难改变。作为一名邮轮从业人员，应养成良好的职业习惯，具体包括：良好的礼貌习惯，能时刻提供微笑服务；守时习惯；良好的个人卫生习惯；为他人服务的习惯；吃苦耐劳的习惯。

6．身体素质要求

邮轮餐饮属于特殊的工作，工作劳动强度较大，必须保证身体健康，体检合格。只有拥有健康的体魄，才能胜任此项工作。

第二节

邮轮餐饮服务英语

一、中餐服务英语

（一）常用词汇

1．餐具用品

咖啡壶	Coffee pot	咖啡杯	Coffee cup
纸巾	Paper towel	餐巾	Napkin
桌布	Table cloth	茶壶	Tea pot
碟	Dish	汤匙	Soup spoon
盘	Plate	小碟子	Saucer
饭碗	Rice bowl	筷子	Chopsticks
杯子	Cup	玻璃杯	Glass
水果盘	Fruit plate	牙签	Toothpick

2．常见食材

茄子	Eggplant	刀豆	Dwarf bean
辣椒	Chilly	小芋头	Eddo
青椒	Green pepper	红辣椒	Paprika
菠菜	Spinach	绿豆芽	Green Bean sprouts
葱	Spring onion	韭葱	Leek
大蒜	Garlic	生姜	Ginger
香菜	Coriander	冬菇	Dried black mushroom
金针菜	Tiger lily bud	百合	Dried lily bulb

黑木耳	Black fungus / Wood ear fungus / Dried black fungus	木耳	Fungus
		红枣	Chinese red date
蒸山芋	Steamed sweet potato	咸黄瓜	Salted cucumber
脱水蒜粒	Dehydrated garlic granules	腰果	Cashew nut
粉丝	Silk noodles	海带	Sea vegetable/Seaweed/ Kelp
豆腐	Tofu/ Bean curd	糯米	Glutinous rice
猪肉	Pork	面粉	Flour
小麦面粉	Whole meal flour	面条	Noodles
馄饨皮	Wanton skin	海鳝	Sea sturgeon
海蜇皮	Salted Jelly Fish	鲍鱼	Abalone
干贝	Scallops	龙虾	Lobster
燕窝	Bird's nest	猪脚	Pig's knuckle
盐水鸭	Boiled salted duck	腊肉	Preserved meat
叉烧	Barbecued pork	香肠	Sausage
肉松	Fried pork flakes	鸭肫干	Preserved duck gizzard
牛肉粒	Dried beef cubes	牛肉片	Dried beef slices
猪肉松	Dried pork floss	羊肉	Mutton
烤鸭	Roasted duck	鸡肉	Chicken

3．常见调料

酱油	Soy sauce	醋	Vinegar
加饭酒	Rice wine	桂花酒	Acanthus-flavored wine
淀粉	Cornstarch	麻油	Sesame oil
蚝油	Oyster sauce	胡椒	Pepper
辣椒粉	Red chilly powder	芝麻酱	Sesame paste
辣椒酱	Chili sauce	番茄酱	Tomato sauce（普通甜的）
味精	Monosodium glutamate	花椒	Chinese red pepper
豆豉	Salt black bean	八角	Star anise
红糖	Dark brown sugar	肉桂	Cinnamon
白砂糖	Custer sugar	冰糖	Rock sugar

4．中餐菜谱

（1）中式点心。

烧饼	Clay oven rolls	油条	Fried bread stick
韭菜盒	Fried leek dumplings	水饺	Boiled dumplings
蒸饺	Steamed dumplings	馒头	Steamed buns
油条	Deep-fried dough sticks	馄饨	Dumplings/ Ravioli
包子	Stuffed steamed bun	煎饼	Pancake
元宵	Sweet dumplings / Rice glue ball	煎贴	Fried dumpling
汤圆	Glue pudding	烧卖	Shao-mai

粽子	Rice dumplings wrapped in bamboo leaves	面条	Noodles
		稀饭	Porridge
饭团	Rice and vegetable roll	豆浆	Soybean milk
蛋饼	Egg cakes	皮蛋	Preserved egg
咸鸭蛋	Salted duck egg		

（2）炒菜。

当归鸭	Angelica duck	火锅	Hot pot
麻辣豆腐	Spicy hot bean curd	烤乳猪	Roast suckling pig
鹌鹑松	Minced quail	白切鸡	Boiled sliced chicken
八宝饭	"Eight-treasures"rice pudding	巴东牛肉	Spiced beef
白烩蟹肉	Crab meat in whitesauce	清汤燕菜	Bird's nest consommé
拔丝莲子	Lotus Seeds in hot toffee	拔丝香蕉	Banana in hot toffee
虾仁炒饭	Fried rice with shrimps	锅烧肘子	Fried pork joint
红烧海参	Sea slugs with brown sauce	家常豆腐	Home style beancurd
椒盐明虾	Prawns with spiced salt	煎明虾段	Fried prawns sections
腰果虾仁	Fried shrimps with cashew nuts	油爆虾	Sauteed shrimps
红烧干贝	Braised scallop in soy sauce	红烧白豆腐	Fried beancurd in soy sauce
回锅肉片	Twice cooked spicy pork slices	甲鱼清汤	Clear turtle soup
清蒸鲫鱼	Steamed crucian carp		

（3）饭类。

稀饭	Rice porridge	白饭	Plain white rice
油饭	Glutinous oil rice	糯米饭	Glutinous rice
炒饭	Fried rice	蛋炒饭	Fried rice with egg
卤肉饭	Braised pork rice	咖喱饭	Curry rice
粥	Gruel / Soft rice / Porridge	地瓜粥	Sweet potato congee
小米粥	Millet congee	麦片粥	cereal

（4）面类。

馄饨面	Wonton & noodles	刀削面	Sliced noodles
麻酱面	Sesame paste noodles	阳春面	Plain noodles
乌龙面	Seafood noodles	炒米粉	Fried rice noodles
打卤面	Noodles with gravy		

（5）汤类。

鱼丸汤	Fish ball soup	贡丸汤	Meat ball soup
蛋花汤	Egg & vegetable soup	蛤蜊汤	Clams soup
牡蛎汤	Oyster soup	紫菜汤	Seaweed soup
酸辣汤	Sweet & sour soup	肉羹汤	Pork thick soup

（6）甜点。

糖葫芦	Tomatoes on sticks	长寿桃	Longevity peaches
麻花	Hemp flowers	芝麻球	Glutinous rice sesame balls

（7）酒水。

绵绵冰	Mein mein ice	麦角冰	Oatmeal ice
地瓜冰	Sweet potato ice	红豆牛奶冰	Red bean with milk ice
八宝冰	Eight treasures ice	豆花	Tofu pudding
甘蔗汁	Sugar cane juice	酸梅汁	Plum juice
阳桃汁	Star fruit juice	青草茶	Herb juice
黄酒	Rice wine	白酒	Liqueur

（二）服务用语

1．餐厅预约

（1）我需要预约位子吗？

Do I need a reservation?

（2）我想要预约3个人的位子。

I'd like to reserve a table for three.

（3）我们共有6个人。

We are a group of six.

（4）我们大约在8点到达。

We'll come around eight o'clock.

（5）我要如何才能到达那里？

How can I get there?

（6）我想要预约今晚7点两个人的位子。

I'd like to reserve a table for two at seven tonight.

（7）我很抱歉。今晚的客人相当多。

I'm sorry. We have so many guests this evening.

（8）我们大概需要等多久？

How long is the wait?

（9）9点应该没问题。

Nine o'clock should be OK.

（10）今天的推荐餐是什么？

What do you have for today's special?

（11）没问题。请提供您的名字。

It's OK. Your name, please.

（12）我的名字是杰茜卡·杨。

My name is Jessica Yang.

2．餐厅点餐

（1）您现在可以点餐吗？

Are you ready to order?

（2）您预订餐桌了吗？

Have you booked a table?

（3）您想喝什么？

Would you like something to drink?

（4）请问您有两个人的桌子吗？

Have you got a table for two, please?

（5）请给我菜单。

May I have a menu, please?

（6）是否有中文菜单？

Do you have a menu in Chinese?

（7）在用晚餐前想喝些什么吗？

Would you like something to drink before dinner?

（8）餐厅有些什么餐前酒？

What kind of drinks do you have for an aperitif?

（9）可否让我看看酒单？

May I see the wine list?

（10）餐厅有哪几类酒？

What kind of wine do you have?

（11）我想点当地出产的酒。

I'd like to have some local wine.

（12）我想要喝法国红酒。

I'd like to have French red wine.

（13）是否可建议一些不错的酒？

Could you recommend some good wine?

（14）餐厅最特别的菜式是什么？

What is the specialty of the house?

（15）餐厅有今日特餐吗？

Do you have today's special?

（16）我可以点与那份相同的餐吗？

Can I have the same dish as that?

（17）我必须避免含油脂（盐分/糖分）的食物。

I have to avoid food containing fat (salt/sugar).

（18）餐厅是否有供应素食餐？

Do you have vegetarian dishes?

3．结账

（1）请问您怎样付款？

How would you like to pay?

（2）请拿账单来，好吗？

Could I have the bill, please?

二、西餐服务英语

（一）常用词汇

1. 常用菜品

西餐	Western-style food/Western-style cuisine/Western-style dish		
西式自助餐	Western buffet	西式冷餐	Western buffet
冷餐	Buffet	冷菜	Cold dish
沙拉	Salad	甜点心、甜食	Dessert
奶酪	Cheese	茶叶	Tea leaves
茶包	Tea bag	调味品	Seasoning
主菜	Maincourse	第一道菜/开胃菜	First course / Starters
开胃品	Appetizer		

2. 餐具用品

咖啡壶	Coffee pot	咖啡杯	Coffee cup
纸巾	Paper towel	餐巾	Napkin
桌布	Table cloth	碟	Dish
盘	Plate	小碟子	Saucer
饭碗	Rice bowl	筷子	Chopsticks
汤匙	Soup spoon	餐刀	Knife
杯子	Cup	玻璃杯	Glass
刀叉用具	Cutlery	叉	Fork
牛奶壶	Milk jug	汤勺	Soup ladle
台布	Table cloth	吸管	Straw
开瓶刀	Bottle opener	酒钻	Corkscrew
削冰器	Ice shaver	制冰机	Ice maker
小冰桶	Ice bucket	冰勺夹	Ice tongs
冰勺	Ice scoop	调酒器	Cocktail shaker
量酒器	Pouring measure	果汁榨汁机	Juice extractor
电动搅拌机	Electric blender	香槟桶	Champagne bucket
调酒杯	Mixing glass	啤酒杯	Beer mug
香槟杯	Champagne glass	圆锥形酒杯	Tapering glass
葡萄酒杯	Wine glass	白兰地杯	Brandy glass
平底无脚酒杯	Tumbler	高脚杯	Goblet

（二）常见食材

鹌鹑	Quail	蜗牛	Snail
蛇	Snake	蛙	Frog
牛肉	Beef	熏肉	Bacon

蟹肉	Crab meat	明虾	Prawn
海螺	Conch	田螺	Escargots
凤梨	Pineapple	西瓜	Watermelon
木瓜	Papaya	荔枝	Lichee
栗子	Chestnut	椰子	Coconut
橘子	Mandarin orange	甘蔗	Sugar-cane
香瓜	Muskmelon	橙子	Orange
梨	Pear	香蕉	Banana
桃	Peach	阳桃	Carambola
樱桃	Cherry	柿子	Persimmon
苹果	Apple	芒果	Mango
无花果	Fig	菱角	Water caltrop
杏仁	Almond	李子	Plum
哈密瓜	Honey-dew melon	枇杷	Loquat
橄榄	Olive	莲雾	Wax-apple
榴莲	Durian	草莓	Strawberry
葡萄	Grape	葡萄柚	Grapefruit
番石榴	Guava		

(三) 常见调料

芥茉	Mustard	盐	Salt
糖	Sugar	醋	Vinegar
牛奶	Milk	奶精	Cream
猪油	Lard	花生油	Peanut oil
咖喱	Curry	麦芽糖	Maltose
鱼子酱	Caviar	沙茶酱	Barbeque sauce
番茄酱	Tomato ketchup/ sauce	沙拉酱	Salad dressing/mayonnaise
红鱼子酱	Red caviar	黑鱼子酱	Black caviar
黑胡椒	Black pepper	烤肉酱	Barbecue

(四) 西餐菜谱

1. 冷菜 (Cold dish)

(1) 沙拉 (Salad)。

火腿沙拉	Ham salad	鸡沙拉	Chicken salad
鸡脯沙拉	Chicken-breast salad	鸡丝沙拉	Shredded chicken salad
鸡蛋沙拉	Egg salad	鱼片沙拉	Fish salad
虾仁沙拉	Shrimp salad	大虾沙拉	Prawn salad
蟹肉沙拉	Crab salad	素沙拉	Vegetable salad
蔬菜沙拉	Vegetable salad	鲜蔬菜沙拉	Fresh vegetable salad

黄瓜沙拉	Cucumber salad	鲜黄瓜沙拉	Fresh cucumber salad
奶油黄瓜沙拉	Cucumber salad with cream	西红柿沙拉	Tomato salad
西红柿黄瓜沙拉	Cucumber salad with tomato	甜菜沙拉	Beetroot salad
红菜头沙拉	Beetroot salad	鲜水果沙拉	Fresh fruit salad
蜜桃沙拉	Peach salad	菠萝沙拉	Pineapple salad
橙子沙拉	Orange salad		

（2）肉（Meat）。

冷杂拌肉	Cold mixed meat	冷什锦肉	Cold mixed meat
冷肉拼香肠	Cold meat and sausage	冷火腿蔬菜	Cold ham with vegetables
什锦肉冻	Mixed meat jelly	肝泥	Mashed liver live paste
牛肝泥	Mashed ox liver/ Ox liver paste	冷烤牛肉	Cold roast beef
		冷烤里脊	Cold roast fillet
牛脑泥	Mashed ox brain/ Ox brain paste	冷烤羔羊腿	Cold roast lamb leg
		冷烤猪肉	Cold roast pork
冷烩茶肠	Cold stewed sausage	冷茶肠	Cold sausage

（3）鱼（Fish）。

红烩鱼片	Stewed fish slices with brown sauce	鸡蛋托鲱鱼	Herring on eggs
		熏鲱鱼	Smoked herring
茄汁烩鱼片	Stewed fish slices with tomato sauce	熏鲤鱼	Smoked carp
		沙丁鱼	Sardines
鱼肉冻	Fish jelly	酿馅鱼	Stuffed fish
大虾泥	Minced prawns	蟹肉泥	Minced crab meat

（4）家禽（Poultry）。

鸡肉泥	Minced chicken meat/ Chicken paste	酿馅鸡	Stuffed chicken
		奶酪酿馅鸡蛋	Stuffed eggs with cheese
鸡肝泥	Minced chicken liver/ Chicken liver paste	冷烤火鸡	Cold roast turkey
		冷烤鸭	Cold roast duck
鸭肝泥	Minced duck liver/ Duck liver paste	烤鸭冻粉	Roast duck jell
		冷烤鹅	Cold roast goose
冷烤油鸡	Cold roast chicken		

（5）素菜（Vegetable dish）。

什锦蔬菜	Assorted vegetables	红烩茄子	Stewed egg-plant brown sauce
酿青椒	Stuffed green pepper	酿西红柿	Stuffed tomato
酸蘑菇	Sour mushrooms	泡菜	Pickled cabbage

2．开胃品（Appetizer）

奶油烩香肠	Stewed sausage with cream
红酒汁烩腰花	Stewed kidney with red wine / Kidney with red wine
奶油煎火腿豌豆	Fried ham and peas with cream
奶油汁煎牛肝	Fried liver with cream sauce / Liver with cream sauce

鸡蛋汁煎鲱鱼	Fried herring with egg sauce
奶酪口蘑烤鱼	Fish au gratin
清煎鸡蛋	Fried eggs
火腿煎蛋	Fried eggs with ham / Ham and eggs

3．汤（Soup）

清汤	Light soup / Clear soup
浓汤	Thick soup / Potage
肉汤	Broth
奶油鸡茸汤	Creamed mashed chicken soup / Mashed chicken soup with cream
奶油蟹肉汤	Creamed crab meat soup / crab meat soup with cream
奶油口蘑蟹肉汤	Creamed mushroom soup with crab meat
奶油大虾汤	Creamed prawn soup / Prawn soup with cream
奶油鲍鱼汤	Creamed abalone soup / Abalone soup with cream
奶油口蘑汤	Creamed mushroom soup / Mushroom soup with cream
奶油西红柿汤	Creamed tomato soup / Tomato soup with cream
肉杂拌汤	Mixed meat soup
牛尾汤	Ox-tail soup
牛肉丸子汤	Beef balls soup
鸡汤	Chicken soup
鱼汤	Fish soup
蔬菜汤	Vegetables soup / soup with vegetables
洋葱汤	Onion soup
西红柿汤	Tomato soup
通心粉汤	Soup with macaroni

4．鱼虾（Fish and prawn）

炸鳜鱼	Fried mandarin fish
土豆炸鳜鱼	Fried mandarin fish with potatoes
番茄汁炸鱼	Fried fish with tomato sauce
清煎鲤鱼	Fried carp
火腿汁煎鱼	Fried fish with ham sauce
炭烧鱼串	Fish shashlik
铁扒鳜鱼	Grilled mandarin fish
鱼排	Fish steak
奶油口蘑烤鳜鱼	Mandarin fish au gratin
炸大虾	Fried prawns
奶酪口蘑烤大虾	Prawns au gratin
火腿奶酪炸大虾	Fried prawns with ham and cheese
铁扒大虾	Grilled prawns
大虾蛋奶酥	Prawn souffle

法式蘑菇烩蜗牛	Stewed snails with mushroom and cream sauce

5．素菜（Vegetable dish）

奶酪口蘑烤蔬菜	Vegetables au gratin
黄油菜花	Cauliflower with butter
菠菜卧果	Spinach with poached egg
奶油汁烤口蘑	Baked mushrooms with cream sauce
炒茄泥	Fried mashed eggplants
炸茄子片	Fried eggplant slices
炸番茄	Fried tomato
清煎土豆饼	Fried potato cake
焖洋白菜卷	Braised cabbage rolls
奶油汁烩豌豆	Stewed peas with cream sauce

6．鸡鸭（Chicken and duck）

烤鸡	Roast chicken
鸡肝串	Chicken liver shashlik
通心粉煮鸡	Boiled chicken with macaroni
奶汁煮鸡	Boiled chicken with cream sauce
铁扒笋鸡	Grilled spring chicken
焖鸡	Braised chicken
家常焖鸡	Braised chicken in home style
红焖鸡块	Braised chicken chips
火锅鸡	Podjarka chicken
罐焖鸡	Pot stew chicken
米饭烩鸡鸭	Stewed chicken and duck with rice
烤鸭	Roast duck
罐焖鸭	Pot stew duck
黄油汁煎鸭肝	Fried duck liver with butter sauce

7．肉（meat）

红焖里脊	Braised fillet
总烩牛排	Club steak
牛肉扒	Beef steak
奶油口蘑牛肉丝	Beef a la Stroganoff
咖喱牛肉	Curry beef
炸小牛肉片	Fried veal slices
焖牛舌	Braised ox tongue
土豆烧牛肉	Goulash
奶油烩羊肉片米饭	Stewed mutton slices in cream with rice
黄油焖羔羊腰子	Braised lamb kidney with butter
羊肉串	Mutton shashlik

奶油烩杂拌肉	Stewed mixed meat with cream
奶油烩香肠	Stewed sausage with cream
烩丸子	Stewed meat balls
肉丸子米饭	Meat balls with rice
奶酪口蘑烤杂拌肉	Mixed meat au gratin

8．通心粉（Macaroni）

肉丝炒通心粉	Fried macaroni with shredded meat
意式面条	Spaghetti
鸡肉火腿炒面	Fried spaghetti with chicken and ham

9．粥（Porridge）

| 牛奶大米粥 | Rice porridge with milk |
| 麦片粥 | Oatmeal porridge |

10．炒饭（Fried rice）

肉末炒饭	Fried rice with minced meat
什锦炒饭	Fried rice with mixed meat
番茄鸡丁炒饭	Fried rice with tomato and chicken cubes
黄油炒饭	Fried rice with butter

11．肉饼（Cutlet）

牛肉饼	Minced beef cutlet
清煎小牛肉饼	Natural fried veal cutlet
土豆泥拌肉饼	Minced meat cutlet with mashed potatoes
土豆泥清煎鸡肉饼	Fried chicken cutlet with mashed potatoes
炸鱼肉饼	Fried fish cutlet

12．三明治（Sandwich）

火腿三明治	Ham sandwich	香肠三明治	Sausage sandwich
杂肉三明治	Mixed meat sandwich	鸡肉三明治	Chicken sandwich
奶酪三明治	Cheese sandwich		

13．布丁（Pudding）

| 葡萄干布丁 | Raisin pudding | 牛奶布丁 | Milk pudding |
| 黄油布丁 | Butter pudding | 面包布丁 | Bread pudding |

14．饭后甜食（Dessert）

炸果饼	Fritter	蛋奶酥	Souffle
苹果蛋奶酥	Apple soufflé	法式苹果挞	Apple tart
水果冻	Fruit jelly	松糕	Trifle

松饼	Puff pastry	可可松饼	Cocoa puff
奶油泡芙	Puff with wipping cream	巧克力蛋糕	Chocolate cake
巧克力慕斯	Chocolate mousse		

15．冷饮（Cold drink）

冰水	Ice water	矿泉水	Mineral water
蒸馏水	Distilled water	保久奶	Long-life milk
炼乳/炼奶	Condensed milk	可可	Cocoa
奶精	Coffee mate	咖啡	Coffee
冰咖啡	Iced coffee	牛奶咖啡	White coffee
纯咖啡	Black coffee	苏打水	Soda water
甜筒	Ice-cream cone	奶昔	Milk-shake
圣代/新地	Sundae	冰淇淋	Ice-cream
香草冰淇淋	Vanilla ice-cream		

16．酒水（Drinks）

啤酒	Beer	扎啤	Draught beer
百威啤酒	Budweiser	嘉士伯啤酒	Carlsberg
马提尼酒	Martini	姜酒/金酒/琴酒	Gin
哥顿金酒	Gordon's gin	人头马 V.S.O.P	Remy Martin V.S.O.P
朗姆酒	Rum	皇家礼炮	Royal Salute
伏特加	Vodka	威士忌	Whisky
杜松子酒	Gin Fizz	特式咖啡	Coffee Specialites
白兰地酒	Brandy	特级干邑白兰地	Premium Cognac
名士马爹利	Martell Noblige	金牌马爹利	Martell V.S.O.P.
轩尼诗 V.S.O.P	Hennessy V.S.O.P	登喜路 V.S.O.P	Dunhill V.S.O.P

（五）服务用语

1．常用句子

（1）Glad (nice) to see you.
见到您很高兴。

（2）Welcome to our restaurant.
欢迎到我们的餐厅来！

（3）It's nice to meet you again, Mr. Johnson.
再次见到您太好了，约翰逊先生。

（4）Glad to be of service.
很高兴为您服务。

（5）At your service.
乐意为您效劳。

（6）Sorry to have kept you waiting.
对不起，让您久等了。

（7）How do you like this?

您看这个怎么样？

（8）How do you like your steak?

您点的牛排要如何烹调？

（9）Well done (medium/rare), please.

全熟（五分熟/全生）。

（10）Have you finished or still working on it?

您用完了，还是要继续用？

（11）How would you like to pay?

请问您怎样付款？

（12）We wish you a pleasant stay in our cruiser.

愿您在我们邮轮上过得愉快！

2．情景对话

（1）对话1（Dialogue 1）。

Waitress: Welcome, sir. Do you want a special combo?

服务生：先生，欢迎光临，要不要来份超值套餐呢？

James: Yes, I want two combos, No.3.

詹姆斯：好，我要两份三号套餐。

Waitress: Would you like an apple pie or sundae?

服务生：要不要来份苹果派或是圣代？

James: Yes! I want two chocolate sundaes.

詹姆斯：好啊！我要两个巧克力圣代。

Waitress: What drinks do you want?

服务生：您要什么饮料呢？

James: Two cokes.

詹姆斯：两杯可乐。

Waitress: Let me repeat your order: two #3 combos and two chocolate sundaes, the drinks will be coke. The total is 38 dollars.

服务生：重复一下您点的餐：两份三号套餐和两个巧克力圣代，饮料要的是可乐。总共38美元。

James: OK, and please give me three packs of ketchup.

詹姆斯：好的，请给我三包番茄酱。

Waitress: No problem! Enjoy your meal!

服务生：没问题！祝您用餐愉快！

（2）对话2（Dialogue 2）。

Waitress: Good evening, sir. Here is our menu. Do you want our today's special?

服务生：晚上好，先生，这是我们的菜单，要不要来份我们今天的特色菜？

James: OK, what do you have?

詹姆斯：好啊，都包括什么啊？

Waitress: It includes an appetizer, soup or salad, main course, dessert or beverage.

服务生：它包括开胃菜、汤或沙拉、主菜、甜点或饮料。

James: Which page from the menu do we choose?

詹姆斯：我们在哪一页的菜单上选呢？

Waitress: The second page, there are 5 choices you can make for the appetizer and the main course. Dessert and salad are on the last page, and there are 10 choices.

服务生：第二页，开胃菜和主餐有五种选择，甜点和沙拉在最后一页，共有十种选择。

James: I see, then give me seafood soup, Sirloin steak and strawberry ice cream, thank you.

詹姆斯：我明白了，那么请给我来一份海鲜汤、沙朗牛排及草莓冰淇淋，谢谢。

Waitress: OK, how do you want your steak to be cooked?

服务生：好的，请问牛排要几分熟？

James: I want it medium-done. And I want it with black pepper gravy.

詹姆斯：我想要七分熟的。还有，给我加上黑胡椒酱。

Waitress: OK. They will be coming right up.

服务生：好的。马上为您上菜。

（3）对话3（Dialogue 3）。

James: Excuse me, I want a latte.

詹姆斯：麻烦你，我想要一杯拿铁咖啡。

Waitress: Do you want it cold or hot?

服务生：要冰的还是热的？

James: Cold.

詹姆斯：冰的。

Waitress: OK, and do you want some fresh baked bread? It's very good.

服务生：好的，那要不要来一个刚出炉的烤面包呢？很不错的。

James: Well, OK, I am a bit hungry.

詹姆斯：好，没问题，我的肚子有点饿了。

Waitress: OK, thank you! It's 10 dollars. Please wait for a moment. It will be served soon.

服务生：好的，谢谢！一共是10美元，请稍等。马上就好。

第三节

邮轮餐饮服务实践

一、服务餐区准备

（一）服务周期

一名服务员从客人到达直至离开，这段时间称为一个服务周期，见表3-1。

表 3-1　服务员的服务周期

步骤 1	前期服务： （1）迎接客人，使其就座 （2）为客人铺好餐巾，递送菜单 （3）为客人点酒水，上酒水
步骤 2	点单： （1）递送菜单 （2）为客人点菜 （3）上面包卷、黄油和水 （4）调整餐具（如果需要的话） （5）为客人点葡萄酒，上葡萄酒
步骤 3	中期服务 （1）上头道菜 （2）加满葡萄酒并更换烟灰缸（如果需要的话） （3）撤第一道菜 （4）传菜员到厨房传下一道菜 （5）上下一道菜，加上新葡萄酒或加满现有的葡萄酒 （6）上主菜 （7）加满葡萄酒 （8）撤主菜盆 （9）清理碎屑 （10）递送甜点菜单，并为客人点甜点 （11）调整甜点餐具 （12）上甜点 （13）为客人点咖啡 （14）撤甜点盆，上咖啡 （15）为客人点餐后饮料，上餐后饮料
步骤 4	后期服务 （1）准备账单，送账单 （2）与客人告别

备注：如果知道有些菜需要较长的准备时间，那么就需要早些传菜。"传菜员"就是通知厨房着手准备下一道菜的服务人员。

（二）团队合作

服务人员和生产人员之间的团队合作对餐厅的成功运营起着重要的作用。要使宾客拥有愉快的用餐经历，这个责任不仅仅在于一个人，它需要在前后台工作的每个人的协同努力。厨房、吧台以及餐厅的所有员工要作为一个团队进行协作和沟通。

工作中会经常遇到需要团队成员协助的情况，同样也会遇到需要帮助的情况。比如，当有大型桌位需要招待时，为了快速有效地为客人服务，将需要服务人员全体的共同努力。在用餐结束的时候，可能会有一张最后剩下的餐台需要大家一起帮助收拾，以使所有人都能准时完成各自的任务。

工作中也可能会遇到一些标准常规发生变化的情况。比如，跟餐沙拉的变化，或者蔬菜从大浅盘到配菜里的变化。这些变化都必须事先进行沟通，以使每个人都清楚地知道。这样做可以避免服务期间的混乱情况。

（三）菜单及服务基本知识

1. 菜单种类

菜单是餐厅里销售餐饮食品的书面清单，可以写在黑板上、打印在纸上或者卡片上。

2. 菜单类型

餐厅里常见的菜单类型有零点、套餐、定餐和自助餐。

（1）零点菜单。零点菜单上有一系列的菜点，每道菜都单独定价。客人可以从菜单里选择任意几道菜点，以配其胃口和预算。

（2）套餐菜单。套餐菜单是固定价格的菜单，通常由三到四道菜组成，每道菜提供有限的菜式选择项。客人为套餐支付固定的价格，无论是否消费了所有提供的菜点。有些餐厅在这种套餐里可能会包括可供选择的饮料。

（3）定餐菜单。定餐菜单是二到三道菜组合而成的固定价格的菜单，不提供菜式选择项。和套餐菜单一样，客人为套餐支付固定的价格，即使并未消费所有的菜点。

（4）自助餐菜单。自助餐菜单提供一个固定的价格，每道菜都有大量的菜式可供选择。客人可以根据自己的喜好任意消费菜点。在许多自助餐厅，客人是自主享用食物的。

3. 用餐服务时间段（见表3-2）及对应的菜单内容

表 3-2　用餐服务时间段

早餐	上午 7:00—上午 10:00
早午餐	上午 10:00—下午 2:00
午餐	正午—下午 3:00
下午茶	下午 3:30—下午 5:00
正式晚餐	晚上 6:00—晚上 9:30
非正式晚餐	晚上 10:00—午夜

（1）早餐。这是一天中的第一餐。早餐菜单多种多样，如欧陆式、英式、美式以及自助式。欧陆式早餐比较简单，包括果汁、谷类食品、面包、果酱以及一杯热饮。

英式或美式早餐可以包括欧陆式早餐的菜点。英式早餐的典型熟食有鸡蛋、熏肉、香肠、熏鱼（如腌鱼）和动物内脏（如腰和肝）。美式早餐的典型熟食有牛排、鸡蛋、羊排、熏肉、香肠和烤豆。自助式早餐提供的菜点如以上三种早餐所列，这些菜点陈放出来供客人自主享用。

（2）早午餐。早午餐是结合了早餐和午餐的一顿餐食，也被认为是晚的早餐或早的午餐。早午餐提供的菜点选自午餐和早餐菜单。早午餐日益受到欢迎，特别是在度假型酒店。

（3）午餐。餐厅里的午餐菜单和正式晚餐的菜单可能相似，常由较简单的食物组成，并和餐厅的主题相关。

（4）下午茶。下午茶的菜单里有多种茶、咖啡、蛋糕、点心和三明治。

（5）正式晚餐。正式晚餐的菜单里通常有各式各样和餐厅主题相关的食物。

（6）非正式晚餐。非正式晚餐的菜单通常由简单而快速易煮的菜点组成。

4．服务类型

绝大多数西餐厅里主要的服务类型有餐盘服务、银盘服务、半银盘服务、自助餐服务及推车服务。

（1）餐盘服务。这种服务类型是把食物在厨房装盘，然后由服务员端送到餐桌上。

（2）银盘服务。这种服务类型是服务员用勺子和叉子把食物从大浅盘里分送到桌上客人的餐盘里。

（3）半银盘服务。这种服务类型是主菜在厨房装盘，配菜由服务员分送到客人盘里。如，把蔬菜和面食分送到桌上客人的餐盘里。

（4）自助餐服务。各种食品陈放在自助餐台上，客人可自主享用这些食物。而在有些餐厅里，穿着制服的厨房工作人员或服务员会站在自助餐台后面，协助用餐服务。

（5）推车服务。将食物放在手推餐车或配桌上，当着客人的面进行配备、分制、切或烹调。这种服务类型是正式的或精致的餐厅里所采用的一种专门形式的服务。

➡ **作业** 服 务 识 别

列出餐厅里的菜单类型、服务类型和服务时间段（见表3-3）。

表3-3 菜单类型、服务类型和服务时间段

菜单类型	服务类型	服务时间段

（四）菜单项

菜单项一般可以分成以下结构和次序：头盆、开胃菜和开胃食品；汤；正菜和鱼；主菜；基本的酱汁；蔬菜和沙拉；甜点；奶酪。

1．头盆、开胃菜和开胃食品

这三个名称都可以用来表示第一道菜。但是，这并不表示客人必须从一份零点菜单中进行选择。菜单上的这部分菜点是用来开胃的。常见的有鸡尾大明虾、牡蛎、冷菜、烟熏鲑鱼。

2．汤

汤可以是热的，也可以是冷的，主要有两类：①浓汤，如番茄奶油牛尾汤；②清汤，如鸡肉或牛肉清汤。

3．正菜和鱼

正菜比开胃菜或开胃食品更丰富。鱼和其他海鲜类菜点松软可口，经常被用来备制正菜菜点。其他典型的正菜菜点包括煎蛋、点心和动物内脏，如脑、腰、肝、面食。尽管与主菜相比，正菜菜点的分量较小，但客人经常想要了解正菜是否丰富。因此，有必要熟悉每道菜的配备。

4．主菜

如今的菜单上，主菜通常配有淀粉制品，如面食、米饭或土豆，以及二到三道蔬菜。主菜可以是以各种方式烹煮的肉、鱼或家禽类。经铁板烧的、炒的、烘的和烤的菜点经常配有酱汁。在上炖的和蒸的菜点时经常配上酱汁作为原料的一部分。

5．基本的酱汁

（1）常见的酱汁包括以肉为基底原料并浓缩制成的褐色酱汁和白色酱汁。

（2）常见的基本的褐色酱汁包括以褐色肉为原料或肉汁制成的浓缩酱汁。

（3）一些白色酱汁由牛奶制成，如白色调味酱，或者以白色肉为原料制成，如奶油鸡高汤。

（4）鸡蛋和黄油酱汁，如蛋黄奶油酸辣酱，是由打花的蛋黄、醋和融化的黄油制成。

（5）冷酱汁，如蛋黄酱，是由蛋黄、醋和油制成。香醋酱汁是由醋和油调制制成。

6．蔬菜和沙拉

蔬菜和沙拉有时会作为主菜的配菜而上桌。由于素食餐的流行，许多餐厅为素食者提供了更多的蔬菜类菜点。菜单上还有大量的沙拉，范围从拌有发亮的油醋汁的简单蔬菜沙拉，到有肉和蔬菜的更丰富的沙拉。

7．甜点

甜点包括热甜点和冷甜点，范围从烘烤的甜点，如热苹果派，到简单的水果沙拉和冰淇淋。用于配制甜点的点心种类包括松饼、酥皮糕点和薄片酥皮。布丁通常是由奶油冻或松糕混合制成的。

8．奶酪

市场上有多种多样的奶酪，主要包括：鲜酪，如新鲜干酪、奶油奶酪；软质奶酪，如法国卡门贝尔、法国布里白乳酪和意大利马苏里拉奶酪；坚质奶酪，如荷兰艾登奶酪、英国切达奶酪和瑞士奶酪；硬质奶酪，如意大利帕玛森奶酪、罗马诺干酪。服务员要熟悉奶酪口味，这很重要。熟悉该奶酪是浓味还是淡味，是由山羊、母牛还是绵羊的奶制成的，这也很关键。

（五）产品知识

服务员从一定意义上说也是销售员。因此，有必要熟悉菜单上供销售的各个菜品。了解菜单上所销售的菜品的最好的方法是经常与厨师交谈。

1．关于提供的菜点，该了解些什么？

（1）是热菜还是冷菜？

（2）主要原料是什么？

（3）清淡的、味重的还是油腻的？
（4）用的是哪种烹饪方法？
（5）切的是哪个部位的肉？用的是哪种鱼？
（6）水果沙拉中用的是什么水果？
（7）菜里有哪些蔬菜？
（8）所配的是哪种酱汁？
（9）酱汁的基底是什么，褐色酱汁、白色酱汁、黄油还是蛋黄酱？
（10）奶酪的名称是什么？

2．菜点描述举例

（1）新鲜芦笋配荷兰酸味酱。

所收集的信息：热菜；烹饪方法：清蒸；酱汁：热鸡蛋黄油酱汁。

描述：清蒸鲜芦笋配热鸡蛋黄油酱。

（2）鱼。

所收集的信息：热菜和冷菜；烹饪方法：铁板烧；鱼的种类：青花鱼片；所配的酱汁：塔塔沙司；配菜：蔬菜屑片；混合沙拉：莴苣、西红柿以及油醋汁。

描述：铁板青花鱼片配塔塔沙司、蔬菜屑片以及由莴苣、西红柿和油醋汁混合而成的沙拉。

> ➜ **作业**　　　　　　　**产品知识**
>
> 　　学习所用到的菜单，向厨师了解菜单上所列的每一道菜点的所有相关信息。请准备好一些时间段来完成它，厨师或许不能一次性讨论完整个菜单。
> 　　当完成了所有信息的收集后，把对每个菜点的简单描述写在小型便笺本上，供自己参考。让实训教师检查一下这些描述，看看你是否了解了所有相关的信息。

（六）饮料

1．不含酒精的饮料

（1）汽水，如苏打水、汤力水、姜汁水、苦瓜汁、可乐和姜汁啤酒。

（2）自然泉水或矿泉水，如毕雷矿泉水、依云矿泉水和山泉。

（3）鲜果汁，如鲜榨橘汁、鲜榨柠檬汁和鲜榨橙汁。

（4）果汁，如西红柿汁、桔汁和柠檬汁。

（5）果酱，如石榴汁、黑醋栗、高蜜（配甜酱）、山莓果酱和莱姆果酱。

2．含酒精的饮料

（1）开胃酒。这是用餐前用来开胃的酒。常见的开胃酒有雪利酒、味美思和苦味酒、堪培利开胃酒和菲奈特·布郎卡。

（2）葡萄酒。葡萄酒可分为香槟酒和汽酒、白葡萄酒、红葡萄酒和玫瑰酒。

（3）利口酒。这是一种甜香味的烈酒或以葡萄酒为基底的酒，经常作为消化酒（餐后酒）。常见的如金万利利口酒、君度、薄荷酒、咖啡甜酒、樱桃酒和杜林标利口酒。

（4）烈酒。这是一种蒸馏酒，如杜松子酒、朗姆酒、威士忌、白兰地、伏特加和龙舌兰。

(5）啤酒。啤酒有浅啤或黑啤、淡啤或浓啤（酒精浓重）以及桶装啤或瓶装/罐装啤之分。

（七）菜式组合

有时候客人会要求销售人员向其推荐菜点。因此，熟悉菜单里所有菜点的上菜次序是很重要的。客人只有以合适的美食法次序享用了食物后才会得到满足，如丰富的开胃菜（鸡尾大明虾）之后应该是清汤或肉汤，浓重口味的正菜（如烤面条加干酪沙司）之后应该是清淡的鱼和主菜。奶酪应作为最后一道菜上桌以平适胃部。

1．拇指原则

上菜顺序应该是从冷到热再到冷，口味应是从清淡到浓重再到清淡。避免推荐那些在主料、烹饪方法、色泽、质地或风味方面重复的菜品。服务人员还应了解客人的饮食偏好和饮食需求，如有些客人不吃红色的肉类或乳制品。

2．食物和葡萄酒的组合原则

（1）白葡萄酒配白肉、海鲜或蔬菜。

（2）红葡萄酒配红肉。

（3）甜葡萄酒配甜点。

（4）更甜的葡萄酒配辣味食物。

➡ **作业**　　　　　　　　　**菜　式　组　合**

用现场的菜单，把菜分成口味浓重的、中等味道的和清淡的几种（见表3-4）。

表3-4　口味不同的菜点

口味清淡的菜点	口味浓重的菜点
鸡尾柠檬	菜炖牛肉汤
凯萨色拉	鳄梨大虾拌鸡尾酱汁
水煮鱼	熏烤五花肉
烤鸡	浓汤炖菌菇
水果慕斯	红烧的菜
新鲜水果	花饰蛋糕

完成这些分类后，运用前面所述的一般原则为客人推荐一个三道菜的组合，但客人有以下具体的要求：

客人1：不吃海鲜。

客人2：不吃红肉。

客人3：喜欢口味不重的或者低脂的食物。

客人4：不吃乳制品。

完成作业后，让实训教师检查一下你为客人所做的推荐，并讨论忽略的地方。

二、摆台准备

（一）餐厅的准备

餐厅的布局和餐桌的摆放在一定程度上受菜单的影响。菜单决定用餐服务的类型和风格，从而影响着餐厅环境的布置。比如，对于早餐服务来说，可能只使用餐垫和一次性餐巾纸即可，而不用台布。又如，晚餐服务可能更加正式。餐桌上点有蜡烛可以营造出一种亲密的就餐氛围。

餐台在餐具和玻璃杯具方面的布置根据菜单、用餐服务的类型和风格的不同而不同。

1. 餐厅平面图

平面图是为了描述餐桌及座位安排以及服务员所站位置的。好的平面图还能显示出所有其他装置和设备的布置，比如舞台和舞厅。要画一张餐厅平面图，必须考虑以下几个因素：

（1）空间形状和特点，如分层地面、凹壁和舞厅。
（2）不能移动的物体，如柱子和室内喷泉。
（3）手推车的移动。
（4）桌椅的大小和类型。
（5）门、防火梯和盥洗室入口。
（6）用餐服务的类型。

餐厅一般都有一张标准的平面图。但可以根据每个用餐服务时间段里的预订量或者"walk-in"（未经预订而入店用餐的客人）客人量进行调整。比如，两张四人桌可以合并起来让八个人的一队客人就座。

2. 摆放餐桌注意事项

有些餐厅没有固定的餐桌，通常为小间或凹室。有些餐厅设有固定尺寸的餐桌，有正方形的，也有长方形或圆形的。有些餐厅则可能设有大型的圆桌台，放在稍小的方桌上，以满足人数较多的客人团队的需要。因此，餐桌的摆放多种多样。在摆放餐桌前要考虑以下因素：

（1）确保有足够的空间让客人和员工自如通行。
（2）确保餐桌摆放在远离门口、嘈杂的厨房、扬声器、盥洗室入口、紧急出口以及穿堂风等处。
（3）各个餐桌之间要留有足够的空间，为客人提供私密空间。
（4）注意考虑吸烟区的设置，可以通过摆放盆栽植物或者屏风将吸烟区隔离出来。

➡ 作业　　　　　　　　　　餐厅平面图

在实训教师的帮助下，画一张标准的餐厅平面图，然后运用下面的任一种资料，画一张具体的平面图。

（1）预订单摆放步骤，见表3-5。

表3-5　预订单摆放步骤

步骤1	先从最大型的餐桌摆放开始
步骤2	完成预订单上的所有预订餐桌，并安排其用餐桌位
步骤3	在预订单上记录下餐台号码

（2）根据平面图，设计出餐桌摆放的方案。
运用餐厅设备以及任何其他可用资源，为所有的客人设计餐桌安排。

（3）预订单样本（见表3-6）。

表3-6 预订单样本

客人姓名	客人数量	时间	餐台号	特殊需求
Smith	6	19:00		
Lee	8	18:30		
Black	4	18:30		
Brown	3	18:45		
Wong	6	19:30		
Simons	2	19:15		
Bates	4	19:00		
Shim	6	19:30		
Cauchi	4	19:15		
Michelin	8	20:00		
Meyer	6	20:00		
Coulouris	4	19:45		
Hamman	2	18:45		
Total	63			

➡ 作业　　　　　　　　　　清理、擦洗和打扫

根据平面图和桌位摆放计划完成了桌位的摆放后，接下来的工作是对餐厅进行清理、擦洗和打扫，以保证一个干净卫生的用餐环境。

（1）需要特别注意以下地方的清扫。
① 设备用具的清洁和擦洗。
② 装置物的除尘，如电灯、墙帷和图画。
③ 公共通道区的清洁，如正门入口处、门把手、盥洗室。
④ 盆栽植物、装饰物、装饰品和陈列品的除尘。
⑤ 通风孔的除尘。
⑥ 玻璃门窗的清洁。
⑦ 地板和座位的清扫。

（2）为了客人的安全，不稳固的椅子必须撤走。除此之外，还要考虑以下几个问题。
① 空间是否太大或太小？
② 为创造一个舒适的餐厅并使空间得到充分利用，如何更好地利用空间？
③ 是否根据空间要求安排好了站位、盆栽植物以及其他可移动的设备用具？
④ 是否需要在平面图中设置用于摆放促销陈列品或展示品的位置？
⑤ 是否还有一些需要加到餐厅服务环境准备的要点列表中的重要内容？
⑥ 到餐厅准备这一内容为止，在改善餐厅对客服务环境的方面，还有哪些需要做的事情？

（二）铺台

1. 台布

并不是所有的餐厅都使用台布作为摆台的一部分。有些餐厅采用塑料台布，有些采用餐垫，或者不铺任何东西。这都是由餐厅的类型和主题决定的。

台布的采购和保养都是一笔不小的开支，因此许多餐厅选择布件租赁服务。不管是采购还是租赁，台布在使用过程中都必须小心保管。

（1）台布的面料。做台布的面料有很多种，有缎子（一种特别精良的织物，缎面光亮），也有合成纤维织物，如聚酯织物。

（2）其他台布类型。

① 消音台布或熔融态玻璃。用在台布下面，有多重用途，包括防止台布打滑，消除放餐具时产生的声响，保护台面以防止热气和湿气，使台布有柔软的触感。

② 护套或小台布。只盖住餐桌的一种小台布，通常和台布成对比色，用来保护台布以防止溅洒和玷污等。

③ 台裙。也称为"裙边"。

④ 餐垫。

⑤ 餐巾。

> ➡ **作业**　　　　　　　　　　布　料
>
> （1）布料成本。
> ① 问实训教师，餐饮企业采购足量的用于服务和库存的台布和餐巾每年要花多少钱。
> ② 每块台布和餐巾的成本是多少。
> （2）布料的清洗。
> 在使用台布时要确保这些物料不受损坏或玷污。
> ① 问实训教师，每周清洗布料的成本。
> ② 每周要清洗多少台布和餐巾。
> ③ 每块台布的清洗成本。
> ④ 每块餐巾的清洗成本。
> （3）布料的合理使用。
> 用餐巾擦桌子，或者由于意外溅洒而被玷污，或者因不合理存放而需在使用前再次洗涤，这些情况都会导致额外的成本发生。这些额外成本实际上降低了营业利润。

2. 铺台操作

铺台的方法有若干种，而餐桌也有很多种不同的尺寸和形状。铺台步骤见表3-7。

表3-7　铺台步骤

步骤1	定好手位，把台布铺在餐桌的一端，只放开手指底端所抓布料
步骤2	把台布朝自己的方向拉，同时放开布料
步骤3	把台布拉至正确的位置

➡ **作业　　　　　　　　　铺　　台**

（1）让实训教师解释一下以下布件的正确铺台方法。
① 屏风或双幅台布。
② 消音台布。
③ 宴会台布。
④ 装饰裙边。
（2）把每一点所涉及的步骤都记录下来。
让实训教师演示不同的铺台方法，并弄清步骤和要点。实训教师演示完后，学生开始练习，直至练到每次都能正确无误地完成为止。

（三）餐巾折花

1. 餐巾折花

餐巾的折花种类经常由企业以及服务风格所决定。有很多种折花方式可供选择。有些非常简单，如自助餐的餐巾折花。有些比较精致，如歌剧院或开放的玫瑰造型。精致的折花可以增添餐台的氛围。

（1）卫生要求。折花越简单，对餐巾的操作和接触就越少。这在卫生方面是一个重要的考虑因素。记住，餐巾是供客人使用的，客人在用餐期间需用餐巾来擦手或嘴。因此，折叠餐巾时一定要考虑卫生因素。
（2）卫生原则。
① 干净的手。
② 干净的指甲。
③ 干净的工作场所。

➡ **作业　　　　　　　　　餐　巾　折　花**

用干净的餐巾布或质量较好的纸巾，让实训教师解释并演示下列餐巾造型的折法。
（1）自助餐的餐巾折花。
（2）主教圣帽。
（3）歌剧院（也被称作是"天堂鸟"）。
（4）鸢尾。
把每一点所涉及的步骤都记录下来。让实训教师解释自己仍不清楚的步骤或要点。实训教师演示完后，学生开始练习，直到熟练为止。

（四）准备餐具

餐厅需要使用大量的餐具。餐具有银制的、不锈钢制的等，且等级和品质也有所不同。

➡ **作业　　　　　　　　　餐　　具**

参看餐具一览表（见表3-8），学习不同种类的餐具名称。

表 3-8　餐具一览表

大餐刀——主菜	大汤匙——分菜
小餐刀——正菜、自助餐、肉馅饼、干酪和水果	中型汤匙——甜点和面食
牛排刀——牛排	汤勺（圆形）——汤
牛排刀——鱼（以及类似海鲜）以及精巧食物	小汤勺（茶）——茶、咖啡、鸡尾明虾、冰淇淋、糖和果汁冰糕
奶酪刀——分奶酪	冻糕汤勺（长柄）——甜点冰淇淋
切肉刀——切烤肉和大块物	蜗牛钳——蜗牛
面包刀——切面包和面包卷	长叉刀——蜗牛（食用蜗牛）
大餐叉（主）——主菜并分菜	龙虾牙签——龙虾/小龙虾
小餐叉——正菜、面食、沙拉、甜点和水果	龙虾夹——龙虾/小龙虾
鱼餐叉——鱼（以及类似海鲜）	蛋糕切刀——蛋糕和果馅饼
小餐叉——牡蛎和鸡尾虾	长柄勺——汤和酱汁

把已经知道的餐具名称和还不熟悉的餐具划分开来，集中学习后者。如果在餐馆里找不到样品，让实训教师帮忙找找看。

需要记住，餐具要小心轻拿。尽量避免餐具间的相互碰撞，否则会使餐具刮伤擦坏。

（五）玻璃杯具和陶瓷器皿

餐厅中还有大量的玻璃杯具用来盛装不同种类的饮料。大多数餐厅采用透明的玻璃杯具而非有色的，以显示饮料的颜色。这就可以让服务员在服务时更容易地识别饮料，也有助于控制饮料的质量和容量。

陶瓷器皿是餐厅服务的主要用具，诸如碗、碟、盘、杯、壶、匙等，它们品种繁多，名称不同，使用方法各异，但保洁方法大致相同。

➜ 作业　　　　　　　　　　杯　具

学习不同种类的玻璃杯具名称，并与餐厅里的那些玻璃杯具对应起来。把已经知道的玻璃杯具名称和还不熟悉的玻璃杯具划分开来，集中学习后者。如果在餐馆里找不到样品，让实训教师帮忙找找看。

记住以下使用要点：
（1）仔细检查玻璃杯具有无碎裂。如果发现有损坏的玻璃品，应及时、安全地将其撤走。
（2）当把玻璃杯具从盥洗机里拿出来时，检查其是否干净清洁、是否留有唇印。
（3）玻璃杯具的正确拿取方式是用手拿住杯具的脚部，这可避免留下任何指印。
（4）擦拭玻璃杯具时最好使用不起毛的毛布，以达到最佳效果。

➜ 作业　　　　　　　　　陶瓷器皿

学习不同种类的陶瓷器皿的名称，并与餐厅里的陶瓷器皿对应起来。把已经知道的陶瓷器皿名称和还不熟悉的陶瓷器皿划分开来，集中学习后者。如果在餐馆里找不到样品，让实训教师帮忙找找看。

（六）摆台

任何餐厅的摆台都是由其服务类型和风格决定的，这就意味着所提供的菜点类型会影响到使用的餐具类型。比如，中餐厅或日本餐厅会提供筷子。但是为了方便不会使用筷子的客人，也会提供餐叉。

摆台工作必须做好，因为客人要在餐桌上实现其用餐需求。精心的摆台会给客人留下美好的印象，他们会认为餐厅的员工和管理层很在意并欣赏自身的服务业务。

1．不同餐位的餐具

餐厅用语里"餐位"指的是为客人所设的位子。大多数的西式餐厅都采用两个基本餐位的桌位布置形式，包括零点餐位和套餐餐位。

（1）零点餐位。这种餐位是针对零点菜单而设的。零点菜单上的每个菜点都单独定价。一般零点餐位会摆放如下物品：

① 主刀叉。
② 配菜盘。
③ 配菜餐刀或小餐刀。
④ 葡萄酒杯（通常是白葡萄酒酒杯，因为顾客在点第一道菜时更可能点白葡萄酒）。
⑤ 餐巾。
⑥ 餐桌中央的装饰品，如调味瓶、展示品、餐台号、花瓶和烛台。

零点餐位是一种基本的摆台形式，但上面所列的餐具组成有时也会有一些变化，这将取决于服务类型和风格以及餐厅的等级。这种摆台形式有时候会精减为主刀叉和一张餐巾，这种餐位类型多被用于英式早餐，咖啡杯、茶碟以及茶匙会代替葡萄酒酒杯。

零点餐位的餐具布置进行变化时，要遵循以下原则：

① 定好中心位置，可以以座套为准（中心点可以以主盆或餐巾为标记）。
② 主餐刀放右手边，离餐桌边缘为1厘米，刀刃朝左。
③ 主餐叉放左手边，离餐桌边缘为1厘米。
④ 配菜盘放主餐叉的左侧。
⑤ 配菜餐刀放配菜盘的右侧，与主刀叉平行（配菜餐刀的刀刃朝餐桌的左边缘）。
⑥ 葡萄酒酒杯直接放于主餐刀的前方。

（2）套餐餐位。这种餐位针对的是提供有限选择的菜单或无选择的事先固定的菜单。这种类型的菜单由两到三道菜组成，每道菜有一或两个选择项。有些精致的定餐菜单会有更多道菜，但客人没有选择项。所有的套餐都有一个固定的价格，这就意味着即使客人只消费了一个由三道菜组成的套餐里的两道菜，他们还是同样要付该套餐的固定价格。

当宴会采用套餐菜单时，摆台就要采用套餐餐位的摆台方式。布置这种餐位时，服务员首先需要了解菜单上的菜点，因为餐位布置包括了每道菜的餐具摆放要求。

套餐餐位的餐具包括：

① 汤匙。
② 鱼刀和鱼叉或正菜刀叉。
③ 主菜刀叉。

④ 正菜餐叉和甜点勺（可以有变化）。
⑤ 配菜盘。
⑥ 配菜餐刀或小餐刀。
⑦ 葡萄酒酒杯。
⑧ 餐巾。
⑨ 餐桌中央的装饰品。

第一道菜的餐具要放在所有餐具最外面的一端，便于客人把其他菜的餐具放到里面。由于这种餐位摆放通常很占空间，因此，甜点餐具一般放在主菜盆的上面，并穿过餐位台面的中心点。

2. 玻璃杯具的摆放

葡萄酒酒杯的摆放要便于使用。第一个酒杯放在离第一道菜的餐具顶端约 2.5 厘米的右侧。其余酒杯放在与第一个酒杯的左面呈 45°角的直线上。如果与餐桌中心之间的空间不多，酒杯的摆放可以成菱形。

3. 餐桌中央的装饰品

在大多数情况下，餐桌上都会摆放盐瓶和胡椒粉瓶。这要和陶瓷器皿相配，而且要便于客人取放。对于大型餐台，可能需要一套以上的盐瓶和胡椒瓶。有些餐厅提供小型的盐和胡椒研磨器来代替盐瓶和胡椒瓶，而有些餐厅会让服务员从大的研磨器里取盐和胡椒粉给客人。

> ➡ **作业**　　　　　　　　　**零点餐位的摆台**
>
> 首先摆放两张四餐位的餐台，完成后根据随附的自查本进行自我评估。对自己的摆台感到满意后，让实训教师检查一下。及时纠正错误，直到每次都能准确无误地进行零点餐位摆台为止。

> ➡ **作业**　　　　　　　　　**套餐餐位的摆台**
>
> （1）根据下列菜单，摆两张四个套餐餐位的餐台：
> ① 奶油黄瓜汤。
> ② 铁板香辣鸡翅（配白葡萄酒）。
> ③ 烤牛肉排骨与土豆（配红葡萄酒）。
> ④ 柠檬蛋挞。
> （2）完成后，根据随附的自查本进行自我评估。

三、欢迎顾客

（一）宾客迎候及入座

客人到达的时候，服务员应在门口迎接客人，使其感觉受到重视，然后引导其入座（见表3-9）。

表 3-9　迎候宾客入座步骤

步骤 1	客人到达时，用适当的问候语进行迎接，如"早上好""晚上好"
步骤 2	询问客人是否有预订。如果有预订，在预订单上查对细节。如果没有预订，看看是否有空桌位
步骤 3	确认具体需求，如客人数量以及座位偏好
步骤 4	帮助拿衣帽（如果需要的话）
步骤 5	为客人引领至其餐桌
步骤 6	为客人拉开椅子，从最上位开始，并邀客人入座
步骤 7	客人入座时为其摆好椅子位置，扶住椅子后背并向前移
步骤 8	确保满足客人的特殊需求，如加软垫或加小孩的高椅
步骤 9	用右手为客人从其右手边铺上餐巾

（二）满足宾客的特殊需求

应该满足不同宾客的不同需求（见表 3-10）。

表 3-10　不同宾客需求表

年长的客人	必须让这类客人便于用餐，因此可能需要竖直的椅子
听力不好的客人	应该让他们坐在能看见所有东西的位子；仔细倾听客人的声音
视力不好的客人	必须让这类客人便于用餐，并且应该让他们坐在无须移动的位子上
坐轮椅的客人	必须让这类客人便于用餐
小孩	可能需要高椅或软垫；让他们坐在能看到餐台进行情况的位子上，让此家人坐在对其他客人干扰最小的地方

（三）递送菜单

当客人就座后，递上菜单并为客人点酒水。解释菜单上特别的菜点，并请客人自行选择。如果菜点有封面，在递送之前应该先打开。递送菜点要领见表 3-11。

表 3-11　递送菜点要领表

步骤 1	把菜单平放在左手上
步骤 2	用右手把菜单从其顶端打开
步骤 3	从客人的右侧递送菜单
步骤 4	如果菜单是写在可携式黑板上的，把黑板拿到餐桌上，放在安全的位置，并让每个人都能看到

➡ 作业　　　　　　　　　　宾客迎候及入座

在观看实训教师所演示的迎候宾客并使其入座的程序后，让实训教师扮演客人的角色练习这个作业。重复本部分的练习，直到熟练为止。实训教师评价学生在这个作业中的表现。

四、点单和写单

（一）点单和写单概述

1．点单和写单

点单和写单的形式多种多样，每个餐厅都会有所不同。有些餐厅有预先打印好的点菜单，里面包括了所提供的所有菜点，有些餐厅用编号方式写单，而有些则用计算机系统点单。

不管采用何种方法，都要确保所有记录的信息都清晰易读，这一点很重要。哪怕很细微的错误都可能会导致菜点错，从而导致客人不满。许多餐厅对菜点采用标准缩写，要遵循"严格按照字句"的原则，以确保同事，特别是厨房工作人员和收银员能正确识别。

2．点菜单的主要作用

（1）向吧台和厨房工作人员提供有关所点餐饮食品的信息。

（2）向服务员正确提供信息，让其知道什么客人点了什么菜，以确保正确端送和服务。

（3）向收银员正确提供信息，以开出所点和所消费的菜点的账单。

（二）点单程序

1．确认客人准备点菜

客人准备点菜的肢体语言会有很多，他们可能已经合上菜单或者可能要发出请求帮助的信号。提供点单服务时，应注意以下几点：

（1）从主客的右侧开始，以逆时针方向绕桌点，以主客点最后一道菜结束。有时候主客会让其他客人点菜，在这种情况下，主客通常会在开始时就告之。

（2）注意主人和主宾，以及第一位和最后一位点菜的客人的特点。

（3）注意每个菜点的特殊需求，如牛排不放酱汁，或者肉的烹煮程度。

（4）如果识别不出主客，那么就从坐在离口门最近的客人开始。如果仍不易辨认，那么就要用心记住开始点菜的那位客人的特征，如红色衣服或蓝色套装等。

（5）在点菜单的每道菜之间画一条线。

（6）菜点完后，向客人复述一遍每个菜点，以免发生错误。

（7）把草稿上的信息转写到点单本上。

2．点单样例（见表3-12）。

表3-12　点单样例

9号桌	
鸡肝糊	
丁字牛排，外加色拉酱汁	烤鸡加色拉（红色沙拉酱）
鸡尾明虾	蘑菇汤
铁板甲鱼与蔬菜	丁字牛排与蔬菜（蓝色沙拉酱）

3．写单要点

（1）熟知菜单上的菜点和每日特推菜。

（2）知道菜点的准备和烹饪时间。

（3）向客人解释菜点时，要自信，且吐词清晰。
（4）给出点菜建议，以进行菜点的销售。
（5）把所点的菜点写在单子上，然后向客人复述菜点，以确认准确无误。
（6）把单子上的信息清楚明了地转写到厨房点单本上，并对客人的特殊要求做上强调记号。
（7）在单子上编上餐椅号，这样不至于把点菜单搞混淆。
（8）写菜点时用预先确定的缩写，节约时间。
（9）在下单给厨房之前，再次把订单与客人数量核对一下。

4．计算机预订记录系统

许多餐厅现在采用计算机来进行点餐服务。服务员把菜点写在记录单上，点完后在计算机上打开客人的点菜账户，把记录单中的信息输入其中，如餐台号、餐位数、校验号以及客人所点的餐饮食品。有些计算机系统会把订单直接发到厨房和吧台，然后设在这些地方的打印机会把订单打印出来。这种系统也会自动打印订单的日期和时间。

➡ 作业　　　　　　　　　　　点单和写单

根据下面的订单（见表3-13），将其正确明了地记录在草稿上和点单本上。

表3-13　点单和写单表

客　人	头　盆	主　菜
主客（戴眼镜）	章鱼沙拉	海鲜薄饼（正菜大小）
右边第一位	不要	章鱼沙拉（主菜大小）
右边第二位	海鲜薄饼	铁板鳕鱼（酥脆）
右边第三位	不要	凯萨沙拉（主菜大小）
右边第四位	凯萨沙拉	铁板鳕鱼（加沙拉）
右边第五位	不要	大块牛排（加调味汁）

完成这个作业后，让实训教师检查一下。

➡ 作业　　　　　　　　　　　计算机预订记录系统

根据上一作业中的订单以及餐厅所定的点单程序，把信息输入计算机预订记录系统。打印顾客核对单以核对订单是否正确，并让实训教师检查一下作业。

应记住以下要点：
（1）在点单这一步，应该利用机会进一步销售菜点。但是要注意，不要让客人感觉到你在对其施加压力。
（2）确保订单写得清楚正确，这样厨房就能有针对性地做准备，也能使收银员正确开具账单。

五、餐饮服务与清理

（一）调整餐具

点完菜后，要对原先各餐位摆放的餐具进行调整。餐具要根据主菜进行调整，甜点和奶酪的餐具在点完主菜后进行调整。

在这一步中，餐台上的任何多余餐位都要撤掉，用托盘装取这些需清除的餐具。调整餐具时，确保尽量不妨碍到客人。甜点和奶酪的餐具也采用同样的步骤。调整餐具的过程见表 3-14。

表 3-14　调整餐具的过程

步骤 1	准备每位客人所需的餐具，并整齐地摆放在托盘上
步骤 2	从主客的右侧开始调整餐具，以逆时针方向进行
步骤 3	在对每位客人的餐具调整中，先从餐刀部分开始，然后是餐叉部分
步骤 4	撤掉不需要的餐具
步骤 5	根据用餐的次序摆放附加的餐具——第一道菜的餐具放最外层，依次朝着餐桌中心往里摆放
步骤 6	用拇指和食指持餐具，注意保持餐具的干净、卫生
步骤 7	确保餐具彼此平行排列
步骤 8	如果甜点的餐具作为套餐餐位摆放的一部分已经预先摆好，那么应该把餐具向主餐具位置的方向往下移。先移动汤匙，然后移餐叉。每次点单时都以逆时针方向进行

→ 作业　　　　　　　　　　餐　具　调　整

运用零点餐位摆放，根据表 3-13 进行餐具摆放的调整。完成后，让实训教师检查一下。

（二）餐盘服务技能

餐盘服务是最常见的服务形式。在餐盘服务中，厨房工作人员把餐食装到餐盘里，然后服务员把餐食送到餐桌上。熟练的托盘技术是服务员要掌握的一项必要技能。

1. 托盘方法

托盘有两种主要方法：两个托盘的托盘方法和三个托盘的托盘方法。

（1）两个托盘的托盘方法（见表 3-15）。

表 3-15　两个托盘的托盘方法

步骤 1	用拇食、食指和中指握住第一个餐盘
步骤 2	把第二个餐盘放在第一个餐盘上面，用无名指、小指和大拇指根部以及前臂支撑住

（2）三个托盘的托盘方法（见表 3-16）。

表 3-16　三个托盘的托盘方法

步骤 1	用拇食、食指和中指握住第一个餐盘
步骤 2	把第二个餐盘放在左手掌纹部位以及第一个餐盘的边缘下面，用无名指和小指支撑住
步骤 3	把第三个餐盘放在前臂的平坦部位以及第二个餐盘的边缘

→ 作业　　　　　　　　　　托　盘

（1）托盘方法。

实训教师先后演示两个托盘的托盘方法和三个托盘的托盘方法。

学生练习两个托盘的托盘方法，直到熟练为止。然后开始用餐布练习两个托盘的托盘方法，直到熟练为止。接着练习三个托盘的托盘方法，先不用餐布，熟练后再用餐布进行练习。用餐布进行练习时，最好使用热盘。

实训教师检查学生的托盘表现。

（2）餐盘服务技能。

传统的餐盘服务是从客人的左侧上菜，从其右侧撤盘，现在有些国家仍然采用这种程序。在澳大利亚，只有银盘服务采用这种程序。现在多数国家采用的餐盘服务程序是从右侧上菜，从右侧撤盘。这种程序对顾客的妨碍会更少。

服务时，首先从主客右边的客人开始，除非有说明，否则就以客人点单时的顺序进行。在正式的用餐情形以及其他一些情况下，会要求先从女士开始服务。以逆时针顺序沿餐桌从主客右侧的第一位女士开始，所有女士点单完毕后是男士，最后是主客。

2．撤盘方法

每道菜用完后都要把餐盘和餐具撤掉，但必须在该道菜被完全用完后才能撤。客人通常会把他们用过的餐具一起放在餐盘上，以示已经用完了该道菜。如果有疑问的话，可以在撤盘前询问一下客人是否已经用完该道菜。

撤盘方法有两种，分别是两个托盘的撤盘方法和三个托盘的撤盘方法。

（1）两个托盘的撤盘方法（见表3-17）。

表3-17　两个托盘的撤盘方法

步骤1	从主客右侧的客人开始，以逆时针顺序进行，同餐盘服务次序
步骤2	从客人的右侧撤盘
步骤3	用右手拿餐盘和餐具，然后把餐盘放到左手
步骤4	用左手拇指和食指握住餐盘
步骤5	把拇指放在餐叉柄端
步骤6	用餐刀把残余食物刮到餐盘前端
步骤7	把餐刀放到餐叉下面（刀刃朝前），与餐叉成直角
步骤8	以逆时针顺序沿餐桌进行，对下一位客人进行撤盘，左手持盘，靠后，并与旁边客人保持一定距离
步骤9	把第二个餐盘放在靠近前臂处，以拇指和小指支撑
步骤10	把餐叉横靠在第一个餐叉旁
步骤11	用餐刀把残余食物刮到餐盘里
步骤12	把第二把餐刀横靠在第一把餐刀旁

如此依次进行，直到该道菜的所有餐盘和餐具都撤掉为止。对于大型客桌来说，要尽可能将所能拿尽的盘撤去，拿到洗碗区卸掉，然后回到餐桌，完成撤盘工作。

2．三个托盘的撤盘方法

和两个托盘的撤盘方法相似。三个托盘的持盘方法和三个托盘的托盘方法一样。第一个餐盘用来盛放残余食物，用拇指握住第一个餐盘。用来放餐具的第二个餐盘放在第一个餐盘下面，嵌入手掌。第三个餐盘用来堆放从餐桌撤下来的其他餐盘，放在靠近前臂处，并用拇指根支撑住。

撤汤碗和杯子时，刮残余食物和堆放会比较困难，因此要运用两个托盘或三个托盘的托盘方法来进行撤盘。在摆放甜点餐具或奶酪餐具前，要先撤掉调味瓶。

> **➡ 作业　　　　　　　　　　　撤　　盘**
>
> 实训教师演示一下两个托盘的撤盘方法，然后学生练习四人桌的两个托盘的撤盘方法。能够熟练操作后，练习整个餐桌的一轮的撤盘程序，包括配菜盘。最后再练习三个托盘的撤盘方法。同样，当熟练掌握后，练习整个餐桌的一轮的撤盘程序，包括配菜盘。
>
> 实训教师对操作表现提出反馈意见。

（三）酒水托盘及其服务技巧

左手微屈，托住酒水托盘，便于把杯子从酒水托盘上移掉或放到酒水托盘上时调整酒水托盘的平衡。如果酒水托盘不是防滑的，就要放一块杯垫或衬垫，以防玻璃杯具打滑。

当进行酒水服务时，应将酒水托盘端在客人的身后，用右手从客人的右侧把酒水拿到餐桌上。酒水应放在客人的右侧，主餐具的前端。

啤酒服务程序见表3-18。

表3-18　啤酒服务程序

步骤1	把所需数量的啤酒杯和啤酒放在酒水托盘上，拿到餐桌
步骤2	从客人的右侧进行服务。首先把酒杯放在客人的右侧。放酒杯时，要握住其根部
步骤3	用右手握住酒瓶，标签朝向客人，然后把啤酒倒进客人的杯子。啤酒应沿着酒杯内壁缓慢注入，直到酒杯满杯，形成一个良好的"酒头"
步骤4	如果啤酒还未倒空，把酒瓶放在酒杯右侧，标签朝客人

> **➡ 作业　　　　　　　　酒水托盘及酒水服务**
>
> 学完本部分后，练习啤酒服务及托盘方法。在酒水托盘上放一瓶啤酒、一个啤酒杯以及两到三个装有不同容量的水的其他酒杯，锻炼在服务中托一个负重的酒水托盘的平衡感。

（四）葡萄酒服务

点完菜点后，客人可能会马上点葡萄酒。客人可能会让服务员向其推荐与菜点相配的葡萄酒。因此熟悉葡萄酒列表上的各类葡萄酒是很有必要的，如在餐厅所提供的红葡萄酒、白葡萄酒和汽酒中，哪些葡萄酒是干的、半干的，哪些是浓体的，并且要熟记各种葡萄酒的名称。

上白葡萄酒、汽酒以及玫瑰酒时一般都是冰镇的。

1．葡萄酒服务程序（见表3-19）

表3-19　葡萄酒服务程序

步骤1	把葡萄酒拿到餐桌上
步骤2	对于冰镇葡萄酒，餐桌上可以先放冰桶和冰盒
步骤3	检查餐桌上的葡萄酒酒杯是否摆放正确
步骤4	把葡萄酒呈递给主客看，展示标签，宣告葡萄酒名
步骤5	当主客认为葡萄酒正确后，把盖片割开，打开瓶帽
步骤6	将开塞钻笔直钻入瓶塞中心
步骤7	拔掉软木瓶塞，将酒瓶顶部擦拭干净
步骤8	先倒一点让主客品尝。得到主客允许后，给其余客人斟倒
步骤9	先为女士服务，然后是男士，最后是主客。从主客的右边开始服务
步骤10	每个酒杯只倒三分之二，以便留有酒香的空间让客人品味

2．建议

（1）进行葡萄酒服务时，要始终带一块干净的餐布。

（2）白葡萄酒酒杯要比红葡萄酒酒杯小。

（3）不同的葡萄酒要和不同的酒杯适当相配。

（4）每次上不同类型的葡萄酒时都要换上新酒杯。比如，客人最后点了一种不同的白葡萄酒，那么必须把先前的酒杯更换掉。

（5）将白葡萄酒放在冰桶或冷酒器里冰镇。

（6）倒葡萄酒时，酒瓶颈绝不能碰到酒杯。

（7）倒完酒后，转动酒瓶并拿起来，以防止酒滴滴到台布上。

> ➔ 作业　　　　　　　　葡萄酒服务
>
> 实训教师演示一下下列每种葡萄酒的开瓶和服务方式，然后学生进行练习，直到自己满意为止。每次练习完后，让实训教师检查一下，让其对你所运用的技巧和程序提出反馈意见。
>
> 白葡萄酒（可以用瓶装水替代）、红葡萄酒（可以用有色的瓶装水替代）、汽酒（可以用瓶装苏打水替代）。

（五）咖啡和茶水服务

1．常见的咖啡种类

咖啡有许多不同的种类。咖啡的备制方式取决于咖啡种类。

（1）过滤式咖啡。这是最常见的一种咖啡。把热水滴入正在碾磨的烘烤好的咖啡豆上，然后倒入一个壶里，把壶放于蒸馏器下的一个加热圈上。这就是常说的"可那"咖啡，这种咖啡应立即让客人饮用。

（2）压磨咖啡。把优质的碾磨咖啡放入一种特制的玻璃壶中，然后把煮沸的热水倒入壶中。接着把一个装紧的手压壶放在上面并呈递给客人。咖啡煮过约3分钟后，可以把咖啡推入壶里。这种方法可以喝到新鲜煮出的咖啡。

（3）浓缩咖啡。这种咖啡制作最先源于意大利，是通过一种叫作"浓缩咖啡"（意即"快速"）的机器而制。这种咖啡是由蒸汽压力冲压精心碾磨的咖啡粉，浓黑的液体随即流出，流入放在下面的杯子里。

（4）以浓缩咖啡为底的饮料。

① 浓缩咖啡。可以用小型咖啡杯盛上"超浓咖啡"，也可以用咖啡杯盛上双倍容量的兑了热水的超浓咖啡。

② 卡布奇诺。这是一种小杯超浓咖啡，与同量的热牛奶混合而成，上层浮奶泡，将巧克力末撒于其中。

③ 维也纳咖啡。这是半杯的黑咖啡，上层浮鲜奶油霜，并撒有巧克力末。

④ 冰咖啡。这是一种浓黑的冰咖啡。把咖啡倒于香草冰淇淋上，上层是生奶油。这种咖啡一般装在高玻璃杯里，附上长柄勺和吸管。

⑤ 土耳其咖啡。它是一种研磨咖啡，在一种被叫作伊芙利克的小铜壶里煮成。把咖啡和糖、冷水混合后加热，直到加热过程中产生的泡沫升到上层为止。然后把铜壶从火上移开，让泡沫灭平。如此重复三遍，然后把咖啡倒出即可。

（5）无咖啡因的咖啡。这种咖啡里去掉了97%的咖啡因。研磨的和速溶的咖啡都可以是这种无咖啡因的咖啡，而且在所有的浓缩咖啡为底的饮料里都可以用这种咖啡来代替。

（6）速溶咖啡。这种咖啡的质量比用咖啡豆制成的咖啡质量低。在正式餐厅里很少用这种咖啡，但可能会在客房里发现这种咖啡。

（7）利口咖啡。这是将预先定量的利口酒或烈酒加到咖啡里制成，上层是生奶油。饮用时需加糖。

2．咖啡服务

在咖啡的蒸馏、过滤或研磨的服务过程中，如果需要的话，要把伴侣物放到桌上，如糖和牛奶。咖啡杯、杯碟和茶匙放在客人的右侧。杯柄应该朝右，茶匙放在杯碟上、杯柄后，并与杯碟成45°角。这些都要放于甜点汤匙的右侧，甜点汤匙放于客人的右侧。如果客人不用甜点，那么应把咖啡杯和杯碟放在客人前面。

（1）如果是在餐桌上倒咖啡，则把咖啡壶拿到桌上，从客人的右侧服务。如果咖啡壶的壶口较长，应直接把咖啡倒入杯中，注意不要让咖啡溢出或溅出。

（2）如果咖啡壶的壶口较短，如"可那"壶的壶口，则要把咖啡杯拿到咖啡壶边来倒。在这种情况下，应用左手拿咖啡，右手拿咖啡杯。为了客人的安全起见，倒咖啡时最好稍微转离客人。

（3）在正式的用餐服务中，应把咖啡壶和牛奶壶放在连底碟上一起拿到餐桌上，然后为客人倒咖啡和牛奶。

当客人要饮用浓缩咖啡机煮出的咖啡时，如浓缩咖啡、奶特或卡布奇诺，则应把咖啡拿到餐具柜上进行备制，不需要在餐桌上倒咖啡。

3．茶水服务

在茶水服务中，由客人自己倒茶。把糖、牛奶和柠檬片等附伴物放在连底碟上，并放于桌上。把茶杯、杯碟和茶匙放在客人前面。如果客人要用甜点，则要把这些放在甜点勺的右侧。将茶壶、热水壶和过滤器（如果需要松散茶叶的话）放在连底碟上，并放于茶杯和杯碟前。

> **➡作业　　　　　　　咖啡和茶水服务**
>
> 实训教师演示一下以上介绍的不同的咖啡服务，然后学生进行练习，直到熟练为止。
> 实训教师演示一下茶水服务方法，放上甜点餐具。然后学生进行练习，直到熟练为止。
> 实训教师检查操作技巧和程序。

（六）面包类和调味品服务

1．面包类服务

（1）面包通常放在排成一行的服务餐盘或服务餐篮里。
（2）银盘服务时通常要用汤匙和餐叉。
（3）从客人的左侧进行服务，把面包和面包卷放到配菜盘上。

2．调味品服务

（1）需要从酱料船或佐料碟里取调味品或酱汁进行服务时，应将其放在连底碟上，并拿到桌上。
（2）如果用的是酱料船，则瓶嘴朝客人。
（3）从客人的左侧进行服务，用左手拿调味品或酱汁，用右手拿汤匙。
（4）沿着餐桌以逆时针顺序对其他客人进行服务。

> **➡作业　　　　　银盘服务中的面包卷和调味品的服务**
>
> 实训教师演示银盘服务中的面包卷和调味品的服务。学生练习银盘服务中把面包卷放入配菜盘以及把调味品放入主菜盆的方法，直到熟练为止。

（七）更换烟灰缸

在允许吸烟的餐厅中，使用的烟灰缸要定时更换。为防止烟灰满缸，要用干净的烟灰缸把用过的烟灰缸换掉。应用右手从客人的右侧进行更换，然后用左手把脏的烟灰缸拿掉，把干净的烟灰缸放上。

（八）溅洒情况的处理

用餐服务过程中可能会出现一些意外。如果只是较小的溅洒，要用干净的干布快速地把溅洒点擦干。如果溅洒在了铺有台布的餐桌上，可以用一块干净的餐布盖住脏污的地方，直到服务结束。如果溅洒面积较大，则可能要更换台布。这种情况下，要请客人先转移到另一张预先准备好的空桌子上。也可以在尽量不妨碍客人的情况下，把餐桌上的剩余食物转移到餐具柜上，对餐桌进行清理，然后重新铺桌。

（九）递送账单与结账

结账有不同的方法，有简单的手写账单，也有电子式的客人账单。熟悉企业里的结账方式尤为重要。

1．账单的主要作用

（1）告知客人付款金额，包括收费的具体项目。
（2）通过提供有关所售物和所获款额的具体信息，形成餐厅的一个控制系统。

2．向客人递送账单的注意事项（见表3-20）

表3-20　向客人递送账单的注意事项

要点1	当客人不再需要点其他东西时，服务员应准备账单。不要忘记收取酒水的费用
要点2	只有当客人提出看账单时再递送账单
要点3	总金额不应让除主人以外的其他人看到
要点4	不要等在餐桌旁
要点5	当向主人递收据和零钱时，应向其表示感谢，感谢客人们的光顾
要点6	如果餐厅要求客人在离开时到收银台付款，要确保客人知道这一点，以防拖延和混淆

（十）付款方式和付款程序

常见的付款方式有现金、信用卡、支票、餐券和赊账。服务员应熟悉企业里所接受的付款方式，以及所接受的信用卡种类。

1．现金付款方式

这种付款方式非常直接，需要客人用现金结账。

2．信用卡付款方式（见表3-21）

表3-21　信用卡付款方式

步骤1	在用信用卡结账前，必须核查下列几个细节：信用卡使用截止日期；信用卡背面的签名；所列的信用卡号是否在已取消的信用卡之列；如果金额超过一定限额，需打电话确认
步骤2	如果以上细节都核查好了，用正确的收账形式划印信用卡。每家信用卡公司都会向餐饮企业提供各自的收费记录单。确保使用正确的单子
步骤3	把信用卡划印完后，检查其是否清楚明了，然后填入具体信息
步骤4	在提供的适当空格上清楚地输入金额、日期和授权号码。在有些餐厅，账单号必须记录在单子上
步骤5	把收费单给客人，让其签字
步骤6	核对签名，并把信用卡和收费单的复印单给客人
步骤7	把信用卡归还给客人时，要感谢客人的光顾

如果餐厅装有销售点电子资金转账设施，那么就可以在划印卡上进行划印。如果信用受认可，机器就会打印出一张让客人签名的复写单。把单据递送给客人，让客人签上姓名，并像检查手写的收费单一样进行查对。

3．支票付款方式

检查支票上写的金额数目是否正确，以及所支付的企业户名是否正确。通常会要求客人出示某种包含姓名、地址和签名的身份证件。把地址和证件号码写在支票背面，并核对签名。同样，在进行支票结账前，需要确保该支票是本餐厅所接受的付款形式。

4．赊账付款方式

（1）在邮轮上，账单可以计入客人的客房账目中。这种结账形式需要将客人的姓名和房号记录下来，并签单。收银员必须核对该赊账是否存在，以及该客人是否符合支付条件。

（2）礼券或旅行券是包价的一部分，或者通过优惠券的形式提供。餐券替代金钱进行支付时，必须和其他形式的付款方式一样计入账目。

六、餐区收尾

（一）处理顾客投诉

在处理顾客投诉时，要采取积极的态度和专业的处理方法，切忌与顾客争论。工作人员的道歉行为和所采取的纠正措施常能解决这些投诉。处理投诉的主要目的是通过提供必需的服务来让客人满意。

1．处理投诉的方法

（1）允许客人发泄其情绪。
（2）保持理性，从而识别投诉事件的本质。
（3）向客人表达理解，并愿意提供帮助。
（4）以你所理解的方式对问题进行陈述，并对投诉问题进行正确的理解。
（5）提供一个或多个解决方案。如果客人不接受，询问客人的想法。
（6）选用双方能共同接受的解决方式，以达成一致。如果不能满足客人提出的要求，应请上级管理人员来处理。
（7）对达成一致的解决措施进行执行，并确保正确适当地完成。
（8）对解决结果进行跟踪，保证一切都按所达成的方式进行，以确保客人不会再有起诉行为。

2．处理投诉的注意事项

一般情况下，首先要向客人道歉。通过提供最佳的解决方案来纠正问题，如，更换菜点，或提供一个替代物（如提供一杯免费饮料或一瓶免费葡萄酒），或者更改账单。因为客人希望立即解决问题，因此要时刻有所准备。向主管了解在发生投诉时你所能采取的解决行为的权限，这一点很重要。如果超出了你的行为权限，就要向客人道歉后，立即请主管来解决。

（二）告别客人

这是服务周期的最后一步，这一步与第一步同等重要，因为这将给客人留下持久的印象。告别客人的步骤见表3-22。

表3-22 告别客人的步骤

步骤1	当客人起身离开时，帮客人移开椅子并递上衣帽
步骤2	再次感谢客人的光顾
步骤3	记住在告别语中带上对客人的称呼
步骤4	如果正忙于服务其他客人，则可以对他们的离开用点头微笑示意

（三）重新摆台

当第一批客人离开后，要立即"翻台"，重新摆台，这很重要。重新摆台时要尽量不妨碍其他客人的用餐。

> **作业**　　　　　　　　　　餐　饮　服　务
>
> 　　运用所学知识，完成一个轮班内的餐厅服务周期的操作。实训教师评价学生在此期间内的操作情况。这项作业完成后，和实训教师讨论一下还需加强练习的地方，并听取实训教师对整个表现的反馈。

第四节

邮轮酒吧服务实践

一、酒吧服务的准备

（一）酒吧服务工作简介

酒吧是指提供啤酒、葡萄酒、洋酒、鸡尾酒等酒精类饮料的消费场所。酒吧服务工作就是为客人提供各类酒水服务的场所。

> **作业**　　　　　　　　　　酒吧服务描述
>
> 描述各种酒吧服务场所，并概括各种类型的服务特点（见表3-23）。

表3-23　酒吧服务描述

酒吧服务场所	描　述	服　务
休闲吧		
公众酒吧		
夜总会		
鸡尾酒会		
花园/水池吧		
房内用膳/客房小酒吧		
自动售酒吧		
俱乐部酒吧		
酒类专营店		
宴会厅		

（二）酒吧服务的主要设备

（1）啤酒过滤系统。用于把散装啤酒从小桶里分配到顾客的酒杯里。

（2）冷饮机。通过酒吧安装的塔或喷枪，进行软饮料的分配。

（3）制冷设备。酒窖和酒吧间都可用到制冷设备，主要作用为：

① 把产品冷却至预设的温度。

② 让产品持续保持在一个预设的温度。

（4）制冰机。用于制作不同种类的冰块，可将冰块放在饮料或冰镇物里，如葡萄酒。

（5）玻璃杯具清洗机。用于清洗玻璃杯具，运用高压下的水和洗涤剂。

（6）搅拌机。通常用于鸡尾酒的制作，可以将饮料和水果之类的物品混合起来。

> **➡作业**　　　　　　　酒水系统模拟
>
> （1）与实训教师讨论啤酒过滤系统的构造，并简单描述每个部分的作用。
>
> （2）讨论冷饮机的以下相关内容。
>
> ① 所采用的气体。
>
> ② 分配的软饮料的温度。
>
> ③ 类型。
>
> ④ 果汁：罐装或天然原料。
>
> （3）列出酒吧中所采用的制冷设备的类型和用途。
>
> （4）制冰机的清洗。
>
> ① 铜板多久清洗一次？
>
> ② 过滤器多久清洗一次？
>
> （5）玻璃杯具清洗机。
>
> ① 清洗温度是多少？
>
> ② 使用何种洗涤剂？

（三）啤酒

啤酒的制作过程被称为"酿造"。啤酒主要有两种，麦芽啤酒和贮藏啤酒。所有其他种类的啤酒都是这两种酿造方法的衍生品。麦芽啤酒采用顶馏法酿造，贮藏啤酒采用底馏法酿造，这取决于所采用的酵母菌株。不同类型的发酵粉在发酵过程中或发酵完后会上升或下沉。

1. 原料

（1）麦芽——糖分来源。

（2）酵母——进行发酵。

（3）酒花——调料。

（4）水。

原料的量和发酵过程决定了所酿啤酒的种类、颜色和味道。根据不同的需求，每个酿酒加工厂都有其自己的"配方"，而且每种酿造方法都各不相同。

2. 酿酒过程

（1）制成麦芽——准备大麦，用于磨粉。把大麦浸泡在水中约4～5天，在这个过程中种子会发芽或生长。然后把大麦放入干燥炉内进行干燥,使其停止发芽。注意,在干燥炉内干燥的过程将决定麦芽的颜色和风味。被烘烤成浅色或淡色的大麦可用来酿制贮藏啤酒,颜色较深的可用来酿制黑啤或深色麦芽啤。

(2)磨粉——把磨碎的大麦变成麦芽汁,用来准备形成酒花。麦芽在磨坊里磨碎,磨成"麦粉"。将热的纯净水与麦粉混合,形成一种被称为麦芽汁的粥状物。这个过程中,麦芽中的淀粉分解成可发酵的糖。将麦芽汁倒进一个庞大的过滤容器中,并与热水混合。这样就去除了无用的颗粒,并继续分离糖分,一种纯净的甜溶液便分离出来。这种溶液被称为麦芽汁。

(3)形成酒花——把麦芽汁转变成酒精。把麦芽汁倒入壶中,放入酒花。通常会在这个步骤放入糖。一旦煮沸,就把无用的酒花去掉。然后把加了酒花的麦芽汁冷却至合适的温度。

(4)发酵和过滤——麦芽汁转变成酒精。把酵母培养物放入已冷却的、加了酒花的麦芽汁中,然后酵母就会把麦芽汁中的糖分转变成酒精(啤酒)和二氧化碳。发酵的时间由被酿制的啤酒类型决定,但大约是4~6天。发酵过的啤酒被储存在陶瓷烧制的容器中,这样就可以在过滤之前保持低温了。

然后,将用一种低温杀菌法对过滤了的啤酒进行杀菌。这种杀菌方法是将啤酒迅速加热,然后迅速冷却,这一过程中破坏啤酒的酵母和(或)细菌都将被杀死。然后把二氧化碳再放入已过滤并杀菌过的清酒中,准备进入包装过程。

> **➔ 作业**   **举 例 啤 酒**
>
> 以下每题各举出四个例子:
> (1)由我国主要的啤酒酿造公司生产的啤酒。
> (2)由我国的啤酒酿造厂生产的啤酒。
> (3)进口啤酒。
> (4)酒吧里最受欢迎的啤酒。

3. 包装

(1)啤酒有三种不同的包装方式。分别是:
① 生啤或桶装啤酒,装在50升的被称为"小桶"的罐里。
② 瓶装啤酒,装在750毫升、500毫升、375毫升、345毫升或250毫升的瓶子里。
③ 罐装啤酒,一般装在375毫升的罐子里,有些酿酒厂生产的啤酒和进口啤酒所装的是不同型号的啤酒罐。
④ 啤酒是易腐的饮品,因此酒吧不宜过量采购,要保持适当的流转过程,确保先进先出。

(2)不同的啤酒其酒精浓度也不同。我国生产的啤酒的平均酒精含量为:
① 酒精浓度标准大约为5%。
② 淡啤大约为3%。
③ 低浓度啤酒大约为0.9%。

> **➔ 作业**   **描 述 啤 酒**
>
> 描述酒吧里所出售的啤酒(桶装的或瓶装的),找出所需信息完成下表3-24。

表 3-24 描述啤酒

种类	名称	酿酒厂/原产地	酒精浓度
麦芽啤酒			
贮藏啤酒			
烈性黑啤			
烈性啤酒			

→ **作业**　　　　　　　描述利口酒

观察酒吧里的利口酒，找出所需信息，完成表 3-25。

表 3-25　利口酒描述

品牌名称	公司名称	颜色	主要成分/风味

→ **作业**　　　　　　　描述利口酒的饮用方式

写出利口酒的各种饮用方式，并举例说明，（见表 3-26）。

表 3-26　利口酒饮用方式描述

种类	举例	酒杯	装饰物	是否加冰块
纯饮				
长饮				
短饮				
鸡尾酒				
冰镇酒				
咖啡利口酒				

（四）葡萄酒

1. 葡萄酒的种类（见表3-27）

表3-27　葡萄酒种类

种　类	特性的简要描述
雷司令	低到中度酒体白葡萄酒。带有新鲜水果味，爽脆的酸度
霞多丽	中度酒体干白葡萄酒，有桃子香味和橡木味，轻微酸度
摩塞尔	清新微甜白葡萄酒，带有温和的果花香味
长相思	淡体干白葡萄酒，浓郁的草香味
黑皮诺	淡体柔性红葡萄酒，带有新鲜香甜的果味
赤霞珠	中度酒体红葡萄酒，带有浓郁的浆果味，高酸度
梅洛红	丰厚甘美红葡萄酒，带有果香味
席拉	浓体柔性红葡萄酒，带有果香味
汽酒	加了二氧化碳的白葡萄酒，通常由霞多丽和皮诺葡萄制成
甜酒	非常甜而浓郁的白葡萄酒，带有果香或花香味
加度葡萄酒	波特酒、雪利酒、托卡伊酒以及麝香葡萄酒

→ **作业**　　　　　　　　　　**描述葡萄酒**

列出酒吧里所出售的葡萄酒品牌（见表3-28）。

表3-28　葡萄酒描述

霞多丽	甜酒	加度葡萄酒
1.	1.	1.
2.	2.	2.
3.	3.	3.

席拉	梅洛红	赤霞珠
1.	1.	1.
2.	2.	2.
3.	3.	3.

雷司令	起泡葡萄酒	瑟美戎
1.	1.	1.
2.	2.	2.
3.	3.	3.

（五）酒吧服务的准备程序

为确保酒吧服务的准备工作无一遗漏，并保证酒吧服务的特殊风格，企业通常会制定一个标准的准备程序。正确的酒吧准备工作将使高峰期间的服务工作更顺畅、更有效。

1．酒吧服务的准备程序（见表3-29）

表3-29　酒吧服务的准备程序

步骤1	检查生啤。检查汽水和啤酒的供应是否足量、啤酒管道是否干净、啤酒是否置于适当的温度中。如果不是，向实训教师询问适当的操作过程
步骤2	检查并贮备吧台供应品。检查并清点所需的供应品，确保所有所需物都随时可用，包括装饰材料。冷藏需要冷藏的饮料，收起额外的物品并放置整齐，以免妨碍工作流程，占用工作空间
步骤3	检查主要设备，如冷饮机、烈酒分配器和搅拌机。检查它们是否处于正常的运转状态，是否干净。把它们放于适当的位置以便服务
步骤4	检查小型器材，诸如酒吧用刀、钳子、冰铲、过滤器和调酒壶。检查它们是否干净。把它们放于适当的位置以便服务
步骤5	检查瓶装啤酒或罐装啤酒。检查它们的供应是否足量、是否干净、是否需冷藏
步骤6	检查玻璃杯具类。检查服务所需的玻璃杯具是否适当、是否足量，确保它们干净明亮。把它们置于吧台最适当的位置，如最靠近酒水分配器的位置
步骤7	准备装饰物和混合物。准备好所需的装饰物，如柠檬和橘子片，并把它们存放于有盖的容器里。确保有足量的冰块、吸管、牙签、抹布和手巾等
步骤8	检查备用现金和收款机。要检查并清点好备用金并签收。把纸币和硬币分类放于现金抽屉里并保存好。当收款机被用过后，还要检查它是否被清理干净

➡作业　　　　　　　　酒吧服务设备的准备过程

列出酒吧服务设备的准备步骤，如桶装啤酒设备。完成这个作业后，实训教师进行检查。

2．进货

这是酒吧服务准备过程中的一个重要环节，以确保酒吧里存放有足量的服务所需的所有物品。

每个酒吧都会有特定的进货程序，必须熟知这些程序。下面是一些注意事项：

（1）如果有需要，使用饮料领货单。

（2）一般来讲，酒吧的每项产品会根据消费量而设定一个标准存量。

（3）为使存货的检查更方便（也使服务更有效率），酒吧会设置用来放置存货的区域。

（4）当重新进货时，要把存货放于已存物的后面。先使用已放的产品，以确保产品不会过期。

➡作业　　　　　　　　酒吧进货的步骤

列出酒吧进货的步骤，如酒水饮料。记住要遵循正确的库存周转和存货控制程序。

3．储存

所有物品都需要适当存放，以确保其合适的温度。比如，啤酒、白葡萄酒和软饮料应该冷饮。红葡萄酒以及大多数烈酒必须保存在室温下。要熟悉不同饮料的存放温度。酒吧会设置一定的区域用来放置存货，确保定期使用的物品随时可取用。

4．玻璃杯具的维护

（1）所有玻璃杯具都要小心轻拿，并放于专门区域。
（2）玻璃杯具要根据其类型成群排放。
（3）所有玻璃杯具在使用过后都应尽快清洗。
（4）清洗玻璃杯具时，要使用热水、无泡洗涤剂，并彻底清洗。
（5）在用手清洗玻璃杯具后，务必要用玻璃清洗烘干机将玻璃杯具烘干。
（6）所有玻璃杯具都应该用合适的清洁刷每周清洁一次。
（7）粘上了诸如橘汁、牛奶或唇印的玻璃杯具，要先进行擦洗，再放到玻璃清洗烘干机烘干。
（8）检查玻璃杯具是否破碎和有裂缝。当发现有破损的玻璃杯具时，应该用纸包好，然后立即丢到破损箱。

5．需核实的问题

（1）服务所需的所有货物是否有充足的存量？
（2）是否准备好了所有所需的设备？设备（包括制冰用具、冷饮机和冷藏柜）是否干净并按操作程序而摆放？
（3）酒吧顶部、镜子和门是否都干净且状况良好？
（4）所有产品、装饰物、玻璃杯具、冰以及补助的物品是否都正确摆放在适当的位置？
（5）是否准备好了用正确的漂浮物用于服务？

二、酒水点单

（一）迎候客人

对客服务技能是从事接待业工作最重要的特征之一。对有些人来说，这是他们能力的自然流露；对另一些人来说，这是一项需要经过持续锻炼才能掌握的技能。顾客是服务工作中所面对的最重要的人，也是从事服务工作的缘由。顾客不应被看作是给服务工作流程带来不便或打断工作的因素。在某种程度上，对客服务的方式受工作环境以及所服务的客人类型的影响。

1．迎候客人需掌握的要点

（1）客人到达时要及时应答，保持眼神接触，并让客人知道你不会让他们等太久。
（2）让客人感到放松，并使其感到自己很受欢迎。
（3）保持友好的沟通。

2．对客服务时的三项重要原则

（1）采用正确的服务态度和方式。
（2）熟知产品知识。
（3）理解你的顾客的需求。

（二）推介产品

当你为客人提供产品建议时，如果你对本酒吧所提供的产品了然于心，那么你会自信满怀，这会让顾客相信你并接受你的推荐。

1．熟知产品知识

（1）风味、口味和产品种类。

（2）与饮料类型相配的食物或饮用场合。

2．有技巧地提问，并仔细倾听

客人可能会提出他们所需的酒水种类和类型，希望服务员为他们推荐一种具体的酒水种类或酒水品牌。可以向想要点葡萄酒的客人提出如下问题：

（1）您喜欢低度葡萄酒，还是浓一点的葡萄酒？

（2）您喜欢红葡萄酒还是白葡萄酒？

如果客人想要一种低度红葡萄酒以与其菜点相配，那么可以这样作答："我们有一种1994年来自于西澳玛格利特河的黑皮诺，这是一种很棒的低度微冰的红葡萄酒，可以配上您的菜肴。"

产品知识可以通过各种途径获得，比如学习企业里各种各样的酒水单，阅读打印在酒瓶标签上的有关制造厂商的信息，购买杂志，亲自品尝并与其他员工或顾客讨论。

➡ **作业**　　　　　　　　　　　饮 料 推 荐

举例适用于以下情形的饮料（见表3-30）。

表3-30　饮料推荐

情　　形	合适的饮料
开胃酒	
配鱼	
配甜点	
配奶酪和水果拼盘	
放松身体	
热身	
解渴	
提神	

（三）预测顾客需求

预测顾客需求的能力是良好的对客服务技能的一部分。这不仅可以提升客人的用餐体验，而且能够提高服务率。当客人一坐到餐桌边或一到达酒吧的时候，马上就能读出他的想法，这种能力就是良好的观察以及倾听技能的一部分。

➡ **作业**　　　　　　　　　　　需 求 预 测

在服务过程中，客人所传递的一些信号其实已经开始在表达自己的需求了。当客人有以下需求时，他们一般会发出怎样的信号（见表3-31）。

表 3-31　需求预测

需　　求	信　　号
客人想要再点一杯饮料（餐厅）	
客人想要再点一杯饮料（酒吧）	
客人正在寻找洗手间	
客人准备离席	
客人准备结账	
客人想要再点一瓶葡萄酒	
客人表示对企业不满	

（四）处理顾客投诉

1. 顾客投诉分析

曾有专家指出，那些有抱怨的顾客仅有 4%会真正去投诉，其余的顾客只是不再光顾了。在那些不满的顾客当中，平均每个顾客会把不满告诉其他另外 11 个人，而那些人中的每个人又会把那条信息重述给另外 5 个人：他们的朋友。这样，一共就会有 67 个人听到了有关你的企业的负面评论。面对客人的投诉，需要从一个非常特别的角度来处理。第一步是认真倾听他们的抱怨。良好的倾听能够把自己置身于客人的位置并试图去理解客人的不满。

当倾听时，给予客人适当的理解和同情。控制好面部表情、嗓音和肢体语言。随着对问题的进一步理解，决定采取哪种措施以解决问题，并把理解和建议告知客人。如果客人同意了，则要及时做出反馈。

如果能在现场解决问题，是最好不过了。但在有些情况下，可能需要去通报拥有更高权限的人。当你认为问题已经得到解决时，要对顾客进行跟踪反馈以确保顾客确实感到满意。

➡ **作业**　　　　　　　　投 诉 模 拟

实训教师扮演一个要投诉的顾客，你的任务是成功地解决下面的投诉问题。练习完每个场景后，和实训教师讨论一下你是如何处理该问题的，总结自己的表现，并列出要点。

（1）"我们点了六杯饮料，其中有三杯竟是错的。"
（2）"今晚我们接受的服务太糟糕了。"
（3）"我们预订了 7 点的桌位，现在都已经 8 点了，我们还没有就座。"
（4）"这个啤酒桶里的啤酒是酸的。"
（5）"这瓶啤酒不对劲儿。"

2. 处理要领

（1）倾听并表示出真诚的关注。
（2）向客人道歉，但不要责备任何人。
（3）重述问题，说出可行的措施。
（4）采取适当的解决行动。

(5)通告适当的人。
(6)跟进处理结果。

(五)对客服务

对客服务没有固定的标准,这是由于每位客人都有不同的需求和期望。

技巧只是实现服务质量的一个方面。拥有对客人的需求进行识别和预测的能力可以让你在众多服务员中脱颖而出。从根本上来说,这就是顾客感知的质量价值所在。

在为客人提供服务时,要注意以下要点:

(1)言行自然。
(2)保持友好,乐于服务。
(3)对每一位客人都一视同仁。
(4)仔细倾听。
(5)保持专业的服务态度。
(6)与那些想要说话的人交谈。
(7)尊重客人的隐私。
(8)记住重要客人的姓名。

➡ **作业**   客人的期望

针对下列各种类型的客人,描述其期望得到的服务(见表3-32)。

表3-32 顾客期望值

客 人 类 型	客人的期望
常客	
偶尔光顾的客人	
来该地的游客	
有小孩的家庭	

(六)销售技巧

酒吧服务员或酒水点单员其实也是销售员,其工作是围绕销售而转的。当为客人推荐或建议"本店特推"时,实际上就是在运用销售技巧。

成功的销售能增加收益,并能给顾客提供更多的选择空间。成功销售的关键点有以下几方面:

(1)倾听。客人的心里可能有特别喜欢的种类或偏爱的品牌。
(2)熟知产品知识。了解各种不同类型的酒水,了解它们饮用的最佳时间以及最佳搭配菜点。
(3)保持自然。表现热情,但不要过度,人们往往不喜欢感到有压力。
(4)选择适当的时间。比如,当一瓶葡萄酒已经饮用完了的时候,可以提供另一种不同的葡萄酒。如果客人有菜点,可以为主菜配上葡萄酒,主菜撤掉后可以提供甜酒,甜点撤掉后可以提供咖啡和利口酒。

➡ **作业**   推 荐 酒 水

如果某位客人想要有关下列饮料的建议,列出可推荐的产品,在推荐产品后解释推荐理由（见表 3-33）。

表 3-33　酒水推荐

我 国 啤 酒	甜 酒
1.	1.
2.	2.
3.	3.
瓶装干白葡萄酒	苏格兰威士忌
1.	1.
2.	2.
3.	3.
波特酒	中到浓度红葡萄酒
1.	1.
2.	2.
3.	3.

（七）点单

尽量记住每位客人所点的酒水，而且准备传递客人所点的酒水，不能传错。酒吧点单或餐桌点单都必须做到这一点。

1．点单顺序

有些餐饮企业是由一个服务员点单，另一个服务员传单。在这种情况下，必须运用点单簿，并根据相应的点单号给客人编上号码。做好 1 号客人的描述，这样服务员就会知道从哪里开始服务（见表 3-34）。写单时，要保持单子的干净、整洁，其他相关人员要了解上面的内容。

餐桌点单前，要找出服务的顺序，是顺时针还是逆时针。一般的标准是逆时针。

表 3-34　酒水点单

4 号桌	人数 4
离门最近的客人	
朗姆酒和可乐	5.50 元
淡啤	4.50 元
杜松子酒和汤力水	5.50 元
杯装店酒	4.00 元

当服务人数众多的桌位时，要了解餐桌上每位客人的主次顺序，这一点特别重要。

2．点单方式

点单方式将根据所服务的客人而定。了解客人、理解客人的肢体语言以及他们的行为方式，有助于确定适当的服务方式。

> **➔ 作业**　　　　　　　　　　点单模拟
>
> 如果起初对记住名目繁多酒水单有困难，那么开始先把它们写下来。当你去准备酒水时，

尽量不要看点单簿。随着不断的练习,你的记忆力会加强。

需要与客人保持适当的距离才能听清他们所点的东西,这样就不需要使客人在点单时用力喊。但是,也不要侵犯客人的私人空间。如果靠客人太近,客人就会很不舒服,因此应保持标准但友好的距离。

三、酒水的准备与服务

(一)准备酒水、工具

何时准备酒水、何时进行服务,这需要综合考虑许多因素。

1. 玻璃杯具

酒杯的设计是与某些种类的饮料相配的,以增强其外观与口感,因此要适当使用。企业有时会有自己的一套有关玻璃杯具与酒水饮料相配的标准。一些公认的适用于盛装下列饮料的酒杯种类:

(1)透明的烈酒,混合——高飞球酒杯。
(2)暗色烈酒——传统酒杯。
(3)烈酒,无混合——传统酒杯。
(4)利口酒,无混合——利口酒杯。
(5)利口酒,混合——高飞球酒杯。
(6)汽酒——汽酒杯。
(7)啤酒——取决于型号。
(8)葡萄酒——葡萄酒杯。

➡ **作业**　　　　　　　　　**玻 璃 杯 具**

观察酒吧里各种不同的玻璃杯具,与实训教师讨论与各种酒杯相配的酒水。

2. 加冰

加冰看起来似乎是一项简单的工作,然而它能决定最终产品的口味。加冰时一般应遵循以下原则:

(1)冰块最先放入酒杯中。
(2)始终运用一把凿空的冰铲。
(3)不要用玻璃器具去铲冰,因为这容易使玻璃器具破碎或破裂。
(4)对于软饮料,冰块放满酒杯的1/4。
(5)对于混合烈酒,冰块放满酒杯的1/4。
(6)对于烈酒或利口酒,无混合,冰块放满酒杯的1/4。
(7)客人可能对冰块的量有特殊的要求,如苏格兰威士忌,无混合,仅放一个冰块立方体。

如果有疑问,一定要向客人问清其偏好。客人会赞赏你的周到服务,并且更愿意喝到他们想要喝的,而不是接受一杯他们不喜欢喝的饮料。

3. 测量

可以用一些测量方法进行烈酒和利口酒的分配盛装,主要有以下两种方法:

（1）手提式量杯。如果用手提式量杯测量,必须在每次用过后进行彻底清洗。

（2）嵌墙式（光纤）或手提式喷枪。

烈酒和利口酒的标准量度是:

（1）15 毫升指半饮

（2）30 毫升指全饮

（3）60 毫升指双饮

4. 装饰物

对于标准酒水或鸡尾酒,不宜过度装饰,这一点很重要。装饰物是用来增强酒水的外观和口感的,而不是用来喧宾夺主的。对于标准酒水,有两种主要装饰物,即橘子和柠檬。

（1）透明的烈酒（伏特加、杜松子酒、龙舌兰）用柠檬片。

（2）暗色烈酒（苏格兰威士忌、朗姆酒、白兰地）不需装饰物。

（3）所有与橘汁混合的烈酒用橘子片。

（4）利口酒一般不需装饰物。

（5）所有的软饮料、矿泉水和番茄汁都会嵌上一片柠檬片,如嵌在鸡尾酒酒杯的边上的装饰更加复杂,在此不做赘述。

5. 混合物

软饮料和果汁一般加在含酒精的饮料中,如苏格兰威士忌和可乐。混合物一般用冷饮机单个瓶进行分配。

> ➡ **作业**　　　　　　　　　　**混 合 物**
>
> 找出酒里所用的混合物的种类,看看与不同的酒水进行混合时是否有变化。

6. 酒水

（1）混合/无混合的烈酒。

（2）不含酒精的饮料。

（3）混合/无混合的利口酒。

（4）基酒。

（5）用搅和法调制的鸡尾酒。

（6）用摇和法调制的鸡尾酒。

（7）用调和法调制的鸡尾酒。

（8）用兑和法调制的鸡尾酒。

（9）水果鸡尾酒。

（10）冰镇酒。

（11）用漂浮法调制的酒。

7. 需要考虑的因素

（1）玻璃杯具。

（2）使用的酒水。

（3）其他原料。

（4）混合物。

（5）正确的测量。

（6）加冰。

（7）外观。

（8）价格。

（9）风味/效果。

（10）使用的装饰物。

（11）冰冻。

（12）温度。

并不是所有上述因素都和每一种酒水有关，但要仔细考虑相关的要点。对优质酒水服务的方法和技巧练习和学习得越多，就能越快地进行独立操作。

（二）斟倒啤酒的步骤

1. 斟倒啤酒的注意事项

（1）干净的酒杯。

（2）干净的管道。

（3）合适的温度（大约 3℃）。

（4）查看酒头。

（5）注意外观。

2. 分配器中的啤酒的分配

（1）选择合适大小的酒杯，确保酒杯干净。

（2）以一定角度持着酒杯，对准并靠近分配器口。

（3）水龙头必须只有开和关两种状态，任何介于开和关之间的状态都会使啤酒喷出来。

（4）盛满酒杯的 1/2~3/4。把酒杯放到托盘上，让啤酒沉淀下来。有些餐饮企业可能会省略这一步，而是一次性盛满。

（5）把酒杯拿到水龙头下面。调整酒杯与喷嘴的距离，以增加或减少酒头。

（6）形成一个形状良好的酒头时，就把水龙头关掉，并递给客人。

（7）高水平的斟酒操作过程必须没有任何溅洒。

（8）酒都有其自己的特性，要根据情况调整斟酒方式。

3. 瓶装啤酒的分配

（1）选择合适的酒杯，确保酒杯干净。

（2）以一定角度持着酒杯，对准并靠近酒瓶，然后把啤酒倒入酒杯，形成酒头。如果酒头形成得很快，则放慢倒酒的速度。

(3) 让啤酒沉淀下去。
(4) 如分配器中的啤酒的分配方法，把剩余的啤酒倒入酒杯，以形成酒头。
(5) 如果瓶装啤酒不能完全倒完，则把酒瓶的标签朝向客人而放置。各个企业的方法各不相同，瓶装啤酒一般可能只倒一半，让客人自己随意倒完剩余的啤酒。
(6) 酒杯与酒瓶的距离越大，酒头越大。

（三）葡萄酒的开瓶与斟酒

1. 餐桌服务中

(1) 在适当的位置放置酒桶架或风冷酒柜，需要时，可放在下单客人的旁边。
(2) 向客人展示酒瓶和标签。
(3) 以一条整齐的切割线割开瓶盖上的锡箔，然后拿掉瓶盖。
(4) 把开瓶器笔直插入酒瓶木塞的中间。
(5) 把木塞笔直拉出来，不要把木塞"砰"地拉出来，而要平稳地拉出来。
(6) 在下单客人的酒杯中倒入少量葡萄酒。倒完时要轻微旋转一下酒瓶再竖起，以防酒滴。留出时间让客人先品尝一下葡萄酒。
(7) 待下单客人同意后，为最靠近主客右侧的客人倒酒，不要超过酒杯的2/3杯满。以逆时针方向绕餐桌进行，最后为主客倒酒。

2. 酒吧服务中

在酒吧服务中，葡萄酒常取自于酒桶中，而酒吧服务员只要把酒杯拿到分配器下面，直到把酒杯盛到合适的水平位为止。在这种情况下所倒的酒通常比在餐桌服务中所倒的酒要多，因为客人是按杯数支付的。

如果客人在酒吧中点的是瓶装葡萄酒，酒吧服务员则要像餐桌服务中一样，需要向客人展示酒瓶和标签，并按同样的方式进行服务。

> ▶**作业** 斟 酒 模 拟
>
> 实训教师演示企业中有关下列酒的斟酒标准。
> （1）啤酒（分配器中的啤酒和瓶装啤酒）。
> （2）葡萄酒。
> 根据已列出的步骤进行操练，然后在实训教师的监督下为客人进行啤酒和葡萄酒的斟酒服务。

（四）餐盘服务

正确地把酒水放在托盘上进行端送服务是一项较难的技巧，只有通过不断的练习才能熟练操作。

1. 托盘的装放

(1) 托盘要始终保持水平。
(2) 形状较高的酒水和高飞球酒杯要放在最靠近服务员身体的位置。

（3）较重的酒水，比如啤酒，要放在托盘中间。
（4）较矮的酒水和传统式酒杯放于托盘的外围。

2．托盘的平衡

（1）最好用左手托，这样可以便于从客人的右侧进行服务。
（2）需要时，弯起手指并运用前臂，以保持平衡。
（3）可以用右手臂协助平衡托盘，也可防止他人碰撞。
（4）当端着托盘走向餐桌时，要看着前进行走的路，而不是看着酒水。

3．酒水服务

（1）理想的方式是先从主客右侧的客人开始服务，然后以逆时针方向绕着餐桌进行。
（2）如果需要用杯垫或餐巾，应该先垫在下面。
（3）当把酒水递送到餐桌上时，右膝弯曲，重心转移到右脚上。
（4）手持酒杯的脚部，或者尽量远离酒杯的口部。
（5）把酒水放于所服务的客人的右手侧。
（6）斟酒时，先把酒杯放在餐桌上，然后倒入酒水。
（7）托盘要始终保持水平，并远离客人。
（8）如果托盘没有防滑表面，则要在托盘上放一块湿纸巾或酒吧垫，以防酒水滑动。

➡ **作业**　　　　　　　　　**托盘模拟**

选取一些不同类型的玻璃杯具，包括啤酒杯、葡萄酒杯、高飞球酒杯、传统式酒杯、汽酒杯和利口酒杯。起初可以用葡萄酒瓶或啤酒瓶装上水，把水倒入酒杯中，并练习：
（1）托盘上的斟酒以及不用托盘的斟酒。
（2）托盘的装放。
（3）保持平衡。
（4）端送。
接下来可以装上真正的酒水进行服务，要逐步改善那些已练习过的技巧。

（五）工作场所中的事故

如果在工作场所中发生了事故，不管是由客人引起还是由员工引起，都应迅速而有效地进行处理，以免给客人造成更多的麻烦。在有些情况下，需要不止一名员工来处理事故，以尽快解决问题。

1．事故处理

如果客人被牵涉其中，则应对他们的需求给予特别的关注，比如，某位员工把酒水溅洒到了客人的身上，应该做到以下几点：
（1）向客人道歉。
（2）征得客人的同意后，用干净的湿布和苏打水立即把衣服上的斑迹擦净。

(3) 如果客人当时正在用餐,并需要去洗手间擦干净的话,则把他们的餐食拿到厨房进行加热。
(4) 需要时更换桌布。
(5) 告知主管。主管可能会送给客人一杯免费酒水,或者会负责把衣服拿去清洗。

> **➡ 作业　　　　　　　　　　事故处理模拟**
>
> 列出以下事故发生时所应采取的正确的处理方式,要考虑安全问题以及任何可能需要留心的危险因素,以防发生进一步的伤害事故。
> (1) 酒杯破碎。
> (2) 酒水溅洒。

四、酒吧服务的收尾

(一) 清理桌台

如何进行桌台的清理工作是根据企业的类型而定的,有把玻璃杯具堆叠到手臂上(如公众酒吧),也有把玻璃杯具收集到托盘上(如休闲吧),不一而同。桌台清理见表3-35。

表3-35　桌台清理要点

要点1	不要撤掉未喝完的酒水杯具,除非客人要求撤,或者客人已经离开
要点2	补充酒水时,要把使用过的酒杯撤掉
要点3	先说"对不起",然后撤掉桌上的玻璃杯具
要点4	绝不要打断客人或对客人造成不便,要等到一个合适的时间进行
要点5	需要时更换杯垫和烟灰缸
要点6	补充免费小吃,如坚果、脆饼
要点7	要用湿布和多功能清洗剂擦拭桌台

(二) 表面与设备的清理

定期的清理和卫生工作是向客人提供最佳产品的重要组成部分。每日和每周的清理工作是必不可少的。酒吧服务员在工作过程中应该维护设备的正常运转。

1. 日清理工作内容

(1) 用清洗剂和热水对地板进行打扫和拖洗。
(2) 如果使用了酒吧垫,则要拿到室外,用软管浇水,清洗并晾干。
(3) 所有盐水托盘,包括冷饮机,都要用热水和清洗剂进行清洗。
(4) 清洗冰箱窗和门胶条。
(5) 清理酒吧的顶部,更换毛巾滑道。

（6）清洗水龙头和挡板。

（7）对冷饮机的喷嘴进行浸泡和清洗。

（8）手提式量杯用过后应进行清洗，并放入玻璃杯具清洗烘干机里烘干。

2．周清理工作内容

（1）进行啤酒字型开瓶器的拆卸与清洗，这要与啤酒管道的清洗同时进行。

（2）擦净所陈列的镜子、架子和酒瓶。

（3）清洗冷藏设备。

（4）清洗所有的玻璃杯具。

> ➜ **作业**　　　　　　　　　　**清 洗 模 拟**
>
> 　　比较部分企业里目前所执行的日清理和周清理的时间表，列出清洗任务以及进行这些工作的时间与日期，并进行所有清洗工作的操练。

（三）检查备用现金和收款机

1．备用现金

备用现金是指进行服务时放在现金抽屉里的现金，以及每日营业收入提走后所剩余的现金。在每个班次的服务工作开始前以及一个班次的服务工作结束时，都要对备用现金进行检查，这一点非常重要。出现任何异常情况，都必须上报。

确保备用现金里有足够的零钱，比如，如果现金抽屉里有200.00美元的备用金，那么只有四张50.00美元面额的纸币是不合适的。

> ➜ **作业**　　　　　　　　　　**备 用 现 金**
>
> 　　向实训教师询问合适的备用现金值，以及在不同的营业时期其数额的增减。
> 　　与实训教师讨论企业所运用的有关备用现金安全管理的程序。

2．检查收款机

服务工作开始前必须检查收款机，必须确保以下几点：

（1）收款机已经打开。

（2）前日的营业收入已经清除，销售记录显示为零。

（3）正确数额的备用现金。

3．收款机类型

（1）手工收款机。其特点为：

① 手工输入价格。

② 只显示总价。

③ 不能加、乘，不能显示应找的零钱。

（2）电机收款机。其特点为：

① 用电力操作，但也可以进行手工操作。

② 通常能加、乘，能显示总价和应找的零钱。
③ 售价可以进行分类，以供今后参考，如烈酒、不含酒精的饮料和葡萄酒等。
（3）电子收款机。其特点为：
① 能计算，也能显示总价。
② 通常可以把某种产品的价格在特定的键上预先设定好（可用于存货盘点）。
③ 断电时无法进行操作。

4．收款机的使用

收款机的操作步骤如下：
（1）把信息输入正确的位置，得出价格。
（2）收款并登记。
（3）正确找零，给出收据或发票。
（4）纠正错误点。
（5）替换账单。
（6）需要时补充零钱。

➡ 作业　　　　　　　　　使用收款机

跟随实训教师演示一下收款机的功能，并解释一次交易处理的整个过程（包括信用卡和销售点电子资金转账的交易处理）。

（四）处理差异

客人付款时，在找零数额或付款金额方面可能会出现差异。不管发生什么事情，都不要与顾客争执。企业可能会有一些备用现金以应对这种情况，这样做是为了使营业流程不被打断，并避免顾客产生不满的感觉。

（五）结账

当为客人结账时要做到以下几点：
（1）把金额核对两次。
（2）书写清晰易读（如果账目是手写的话）。
（3）账单包括客人所消费的所有项目。
（4）在适当的时间递送账单，如客人要求时，或递送酒水时，或递送房费账单时。

（六）核对账目

营收平衡的核算工作的是在一个班次的工作或一天的交易结束后进行。核对过程包括现金、信用卡和支票与收款机和销售点电子资金转账机（如果可用的话）上的总额相平衡。然后把总金额记入"每日营收单"。备用现金可以留在现金抽屉里，也可以放入一个单独的现金袋里。

➡ **作业**   **核对账目模拟**

    实训教师模拟完成班次营收账目或日营收账目的核对过程。学生列出操作步骤，并完成每日营收单。注意：

（1）用正确的表格进行填写。
（2）清点营业收入和备用金额。
（3）解款/优惠券。
（4）收取抽屉中的读条。
（5）确保现金安全。

第四章
邮轮康乐服务

学习目标：

1. 了解邮轮康乐部组织机构设置，以利于定员定编，更好地为客人提供服务。
2. 了解邮轮康乐优质服务的概念，加强优质服务意识。
3. 掌握邮轮康乐服务的安全知识，严格执行安全工作措施。
4. 掌握邮轮康乐服务投诉处理的原则。

第一节

康乐部组织机构的设置及管理

一、康乐部组织机构的设置原则

康乐部是邮轮必须具备的一个部门，不同类型的邮轮，由于市场定位、接待规模、经营方式有所不同，康乐部的类型、规模和组成也各不相同，当然还与经营管理者的经营理念和管理模式有关。尽管如此，各康乐部门组织机构的设置原则是基本一致的。

1. 组织形式必须适合经营需要的原则

形式和内容应该是统一的。康乐部的组织形式要为康乐部的经营服务，其机构的设置要适合经营业务的需要，例如，有的邮轮把康乐部设为餐饮部下属的一个分部，这可能是由于其康乐部规模较小，只能将卡拉OK歌厅与餐厅合在一起。有的邮轮把康乐部划归客房部，这可能是由于康乐项目较少，或许只有健身房。较大的邮轮则设置了与其他部室平行的康乐部，这是邮轮康乐部的主要形式。各康乐部的机构设置有所不同，有的康乐部设有桑拿分部，有的康乐部把桑拿的管理与游泳池的管理结合在一起，还有的康乐部则把桑拿与美容美发合在一起。对于上述几种形式，无优劣之分，它们都是根据实际经营情况而定的，是按照需要进行设置的。

2. 机构设置必须科学的原则

设置康乐部组织机构时必须明确不同机构的功能、作用、任务、工作量，以及和其他机构的关系等，特别要注意发挥其经营管理的作用和控制督导的作用。设立机构之后就应配备相应的管理人员。按照西方的管理模式，一般都是一职一人，原则上不设副职，但国内往往设副职，有的岗位甚至设有多个副职。无论采用何种模式配备管理人员，每个职务都应有明确的职责、权限和实际工作内容。

机构设置的科学性还表现在要根据管理跨度设置机构。按照邮轮管理理论，一般情况下，一个管理人员的管理跨度不应超过8项，以3～6项为宜。

3. 等级链和统一的原则

等级链是连接权力线的链锁，其每个环节都有对应的权力和职责，下级只接受对口上级的领导。例如：一般情况下，游泳池服务员只接受游泳池领班的领导，不可按受保龄球领班的领导，游泳池主管也应该通过领班去领导员工，不宜直接改变领班的安排（特殊情况除外），否则领班就成了摆设，主管变成了领班。

统一的原则是指康乐部必须是一个统一的有机体，要统一划分各个分部门的职权范围，统一制定主要的规章制度，统一领导康乐部下属各机构的工作。

康乐部机构的设置应有利于发挥各级人员的业务才能和主观能动性。人各有所长，与其为人的短处而操心，不如看其长处而加以任用，这一点在康乐部尤为重要。康乐部各个娱乐项目都有很典型的特点，需要有相应特长的人来管理。例如：应该选用懂得救生知识和管理知识、有游泳技能的人担任游泳池的主管；应该选用有保龄球知识、懂保龄球管理的人担任保龄球馆的主管；等等。

二、康乐部组织机构的人员编制

邮轮一般采用"直线——职能制"的组织形式。其特点是把所有机构和部门分为两大类，即业务部门和职能部门。业务部门按等级链的原则设置，实行直线管理，所以称为直线制，例如：前厅客房部、餐饮部、康乐部等均实行直线制管理形式。职能部门是为业务部门服务的执行管理职能的部门，如财务部、人事部、总务部、工程部等均采用职能制管理形式。

康乐部居于业务部门，因此实行直线管理。

1．影响编制的因素

（1）营业时间的长短。康乐部的营业时间一般较为灵活，有的项目晚上营业，例如舞厅、歌厅；有的项目全天营业，例如健身房、游泳池、有些独立的桑拿浴场所；有的项目从下午到第二天凌晨营业，例如某些保龄球馆。各个康乐部或不同康乐项目每天的营业时间也不尽相同，有的项目排一个班次，有的项目排两个班次，有的项目需排三个班次，与之相应的人员编制也有所不同。

（2）客流量的大小。由客流量能够推算出某个项目某个岗位所需服务人员的数量。例如两个同样规模的游泳池，由于客流量差异很大，所需救生员数量也会不同。因此客流量也是影响编制的因素之一。

（3）营业季节的淡旺。很多康乐项目具有明显的淡旺季特点，例如游泳，特别是室外游泳和室外游泳，其淡季和旺季的客流量差异就特别大，不同季节所需员工数量也会不同，因此宜采用弹性编制。

（4）管理模式的差异。由于受聘管理人员的管理理念不同，邮轮康乐的管理模式也不相同。可见，管理模式也是影响编制的因素之一。

2．确定编制的依据

（1）政策依据。邮轮必须贯彻执行《中华人民共和国劳动法》（以下简称《劳动法》）。《劳动法》规定：劳动者每日工作时间不超过 8 小时，平均每周工作时间不超过 44 小时。

（2）设施项目依据。不同的设施项目，其人员数量也不同。即便是同一个项目，在不同区域所需人员数量也不一样，例如游戏机厅，一个服务员可以照看 10～20 台框体式电子游戏机，而有些赠送游戏币或其他小礼品的游戏机，每个服务员所能看管的机台数量就相对较少，甚至有的只能照看 1 台。

（3）服务档次依据。同样的设施项目，由于市场定位、服务档次及所提供的服务细节不同，其所需服务员数量也会不同。例如低档的桑拿浴室，只需服务员分发更衣柜钥匙及照看设备就可以了，不需要太多的面对面服务。而高档的桑拿浴室则要设迎宾员，还要设专的更衣室服务员来帮客人更衣，为客人刷皮鞋等，还要设专职的浴室服务员和休息室服务员。两相比较，所需员工数量会有很大差别。

3．确定编制的方法

（1）定岗位再定编制。例如浴室可以根据需要设置开单收款岗、换鞋引导岗、更衣室服务岗、浴室服务岗、搓澡岗、按摩岗、休息室服务岗等，然后再根据需要确定每个岗位的服务员数量，进而确定该项目的人员编制。按每周工作7天，每个员工每周工作5天，每天工作8小时计算，那么每个固定岗位需要的人员数量是：

（8小时×7天）÷（8小时×5天）=1.4（人）

将每个岗位的固定员工数量乘以1.4，即为该岗所需的员工实际数量。

（2）公式法定编。下面是几个模糊公式，可以较快地求出某康乐项目的编制数量。根据这些公式计算出的结果不一定都是准确的编制数量，在实际应用时应根据康乐部的具体情况适当调整。还要说明的是，这些公式是按每天一个班次计算的；如果需要两个或多个班次，则需在公式后面再乘以相应的班次数。

保龄球馆编制=球道数×0.6+2

台球厅编制=球台数×0.35+2

游泳池编制=水面积（m^2）×0.03+2

卡拉OK厅编制=营业面积（m^2）×0.015+2

歌厅包房编制=房间数×2+2

桑拿浴室编制=最大客流数×0.28+2

按摩室编制=床位数×14

框体式及体感式游戏机编制=机台数×0.14+2

返奖类游艺机编制=机台数×1+1

棋牌室编制=牌桌数×0.37+1

健身房编制=设备台数×0.14+2

网球场编制=场地数×14+1

需要说明的是，所列公式后都有一个加数，它是一个修正值，例如保龄球馆无论规模大小，都必须设置服务台岗，主要负责发放球鞋和袜子等。该岗编制受球道数量的制约较小，换句话说，无论球馆大小，该岗编制基本不变，因此公式后有一个修正值2。其他康乐项目的情况与此类似。

用公式确定编制的方法简便快捷，适合对所有康乐项目进行立项可行性分析时计算劳动力成本。

（3）实例分析。某保龄球馆有球道26条，要求确定其所需编制。按前面介绍的先定岗位再定编制的方法，确定其编制为：领班岗1人，服务台2人，维修技术员2人，饮料服务台1人，球道服务员7人（每人负责约4条球道），每天两班运行，每周7天营业，每人每周工作5天，则该球馆每个班次的编制为：（1+2+2+1+7）×7÷5=18.2≈18（人）。

按公式法计算每个班次的编制为：26×0.6+2=17.6≈18（人）。

可以看出，用两种方法确定的编制数量基本一致。

（4）康乐部两种组织机构设置模式（见图4-1和图4-2）。

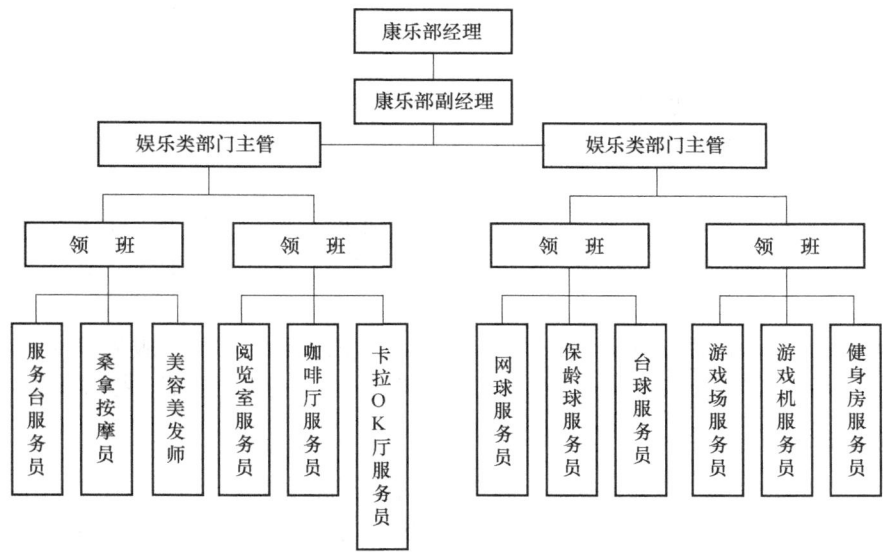

图 4-1　康乐部组织机构设置模式一

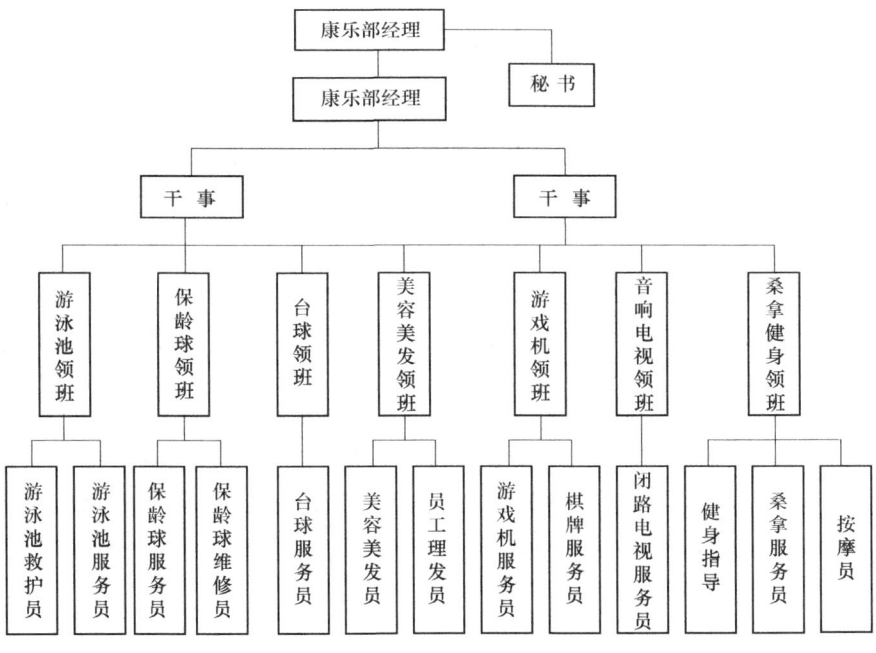

图 4-2　康乐部组织机构设置模式二

三、康乐项目的班组管理

班组是康乐企业或康乐部门的基层组织，是接待客人、提供服务的前沿阵地，企业的经营政策和管理目标最终都要通过班组去落实。企业能否在激烈的竞争中生存和发展，不但取决于经营决策合理与否，而且也取决于班组管理的水平。因此，加强班组建设和管理是康乐行业经营管理的一项重要任务。

领班是班组的带头人，领班的工作能否取得成效是班组建设的关键。

1．领班的地位

（1）兵头将尾。可将邮轮服务人员划分为五个层次，即决策层、管理层、督导层、执行层和操作层。领班处于第四个层次，即执行层。其他几个层次分别为总经理、部门经理、主管、员工。领班是最小的官、最大的兵，是普通员工的直接领导者。

（2）基层工作的管理者和带头人。领班是基层班组的管理者，处于管理和指挥的地位。同时，领班还是班组成员的带头人，在工作中必须以身作则，这样才能带领员工完成本班组的工作任务。

（3）基层业务的示范者和骨干。领班还是基层业务的示范者和康乐服务的骨干，应承担最重要和最繁忙的工作。普通服务员不熟悉某项工作时，领班应发挥示范、指导作用。

2．领班的作用

（1）上传下达的作用。领班是最接近服务员的管理者，能够把经理或主管的指示精神传达给班组的员工。同时，领班又是最了解员工的管理者，能够把员工的愿望和要求反映给主管或经理，为经理或主管的工作提供帮助。

（2）引领的作用。领班应该在班组服务员中起到模范带头作用，在遵守纪律、服务态度、业务技能、完成任务、克服困难等方面以身作则，以实际行动带领员工完成工作任务。

（3）管理员工的作用。领班负责对本班组员正的正常管理工作，负责安排班次、布置任务、监督检查、培训指导、业绩评估等工作。

（4）为主管分忧的作用。领班属于执行层管理人员，应该执行主管的工作指令，成为协助主管工作的左膀右臂。主管不在岗时，尤其是工作任务紧急时，领班应该起到为主管分忧的作用。

3．领班的工作特点

（1）执行性强。领班处于执行层，工作中执行上级的指令和服务规范等方面的内容较多。

（2）技能性强。这是与其他管理岗位相比较而言的。领班是直接参与服务的基层管理者，在工作中除执行指令以外，还应掌握各项操作技能，并能为其他员工做示范。

（3）与员工联系性强。领班是班组成员的带头人，是与员工接触最多、联系最密切的管理者。领班对其班组员工的基本情况如服务态度、服务技能、工作效果、遇到的困难、个人的希望和需求等了解最多。领班是班组的管理者，也是班组的成员，领班时刻都不能脱离员工。

4．领班的职责

（1）领班具体组织本班组的日常营业活动。安排服务员的工作岗位，协调各岗位之间的工作，督导服务员提供优质服务。

（2）检查班组服务员仪容仪表、服务态度、礼节礼貌、劳动纪律、服务程序、服务规范、工作效率，做好员工的考勤记录。

（3）培训本班组员工按操作规程使用和保养设备，以保证设备的正常运行。

（4）督查服务员岗位责任制的执行情况，检查辖区内的卫生清洁情况，对于需要测量数据的应定时测量并准确记录。

（5）执行有关规定，维护辖区正常秩序，处理客人与服务员及客人与客人之间的纠纷，保证营业活动的正常开展。

（6）负责领用本班组的物品，填写领用单，经康乐部经理审批同意后，向仓库领取并做好保管和发放工作。

（7）对本班组员工进行规章制度教育，做好员工的考核评估工作。

（8）每天负责召开班前会和班后会，做到班前有布置、班后有总结，并做好与下一班的交接工作。

（9）上情下达、下情上报。

5．领班的权限

（1）对主管和康乐部经理负责。领班是班组管理工作的具体实施者，在一定程度上代表着主管和经理，其每个行为都要对主管和经理负责。

（2）对下属员工负责。领班是员工带头人，是员工的贴心人，又是员工情绪、希望和需求的知情者，同时也是员工要求合法利益的代言人，其一言一行都应该对员工负责。

（3）对客人负责。领班是优质服务的示范者和指导者。在提供优质服务的过程中，领班既代表了企业的利益，也代表了客人的利益。

（4）对行业负责。领班既是康乐服务的提供者，又是班组的领导者，同时还是康乐行业的一员，应该对康乐行业负责。领班应该自觉遵守康乐行业的职业道德，为康乐行业的发展做出应有的贡献。

（5）对自己负责。领班应该以身作则，严格要求自己，不断提高自身修养。

6．领班的权力

（1）对所在班组的管理权。即在日常经营活动中对班组人员、班组的事物的约束权和处理权。领班是班组的领导者和管理者，管理班组是领班权力的集中体现。

（2）对班组员工工作情况的检查权。领班是班组的领导者和管理者，同时也是员工工作的监督者，负有对员工工作进行监督和检查的职责。

（3）对违纪员工的处理权和建议处理权。康乐企业对员工都有较严格的纪律约束。对于违纪员工，领班可通过提示、批评、教育、口头警告、填写轻微过失单等手段进行处理。情节严重的，应逐级上报并提出进一步处理的建议。

（4）对营业中出现的问题的临时处置权。在班组日常营业活动中，有很多问题需要临时处理，如随着客流量变化而改变员工的岗位，包括员工吃饭、接电话、去洗手间、安排替班人员等，都应由当班的领班安排。

（5）对投诉的处理权。领班是离客人最近的管理者，有很多现场投诉都是由领班最先接待和处理的。领班有解决和处理投诉的权力，如果投诉超出领班权限和能力，则应在先期解释和处理的同时向上级报告，为后期进一步处理打下基础。

7．领班应具备的素养和条件

（1）思想意识。拥护党和国家的基本方针，能自觉执行国家关于康乐行业的政策、法规；热爱本职工作。

（2）道德品质。为人正直，待人诚恳热情，敢于管理。

（3）专业知识。具有康乐部门基层管理知识，掌握一般的人员管理和物资管理知识。

（4）业务能力。具有某项目班组管理能力，善于调动班组成员的工作积极性，能够制订班组工作计划，安排培训班组员工，带领班组员工完成接待服务任务；具有一定水平的设施设备保养维修技能。

（5）文化水平。具有高中、职业高中或同等文化水平；涉外企业的领班应能通过相应的外语培训和考试。

（6）资历经验。具有两年以上康乐服务经验，含半年以上见习领班经验。

（7）人际关系。能妥善处理与上级、其他班组及班组成员的关系；能正确处理投诉，保持良好的客际关系。

（8）身体素质。身体健康，精力充沛，心理素质良好，能承受工作压力。

第二节 康乐部的优质服务

服务质量的优劣是关系到康乐部门发展速度的生命线。提供优质服务是康乐部门服务员的应尽之责。

一、优质服务概述

（一）服务的概念

服务是指在一定的场合和时间内，供方满足需方合理需求的单向服务过程。其中，一定的场合和时间是指在营业场所和营业时间内，如果超出这一范围，则不能形成一般的服务与被服务关系，而可能形成其他社会关系。例如，餐厅服务员与出租车司机在不同的场合和时间内，其服务与被服务的角色会互换。概念当中的"供方"是指服务企业，具体提供者是服务员；"需方"是指被服务者，即前来消费的客人。"合理需求"是指客人购买服务产品时，双方应遵循等价交换的原则。

（二）优质服务的概念

优质服务是指被服务者对所受服务的满意度超过了其期望值。所谓期望值，是指人们希望某一事物所应达到的水平。就服务行业而言，它是指被服务者希望所受服务应该达到的水平。期望值产生的过程见图4-3。期望值是个变量，它因人、因地、因时、因事不同而有所不同。

所谓满意度是指人们对所感受到的事物的满意程度，它是衡量服务质量优劣的动态标准。

可见，评价服务质量的优与劣，要视被服务者的普遍感受而定。当期望值大于满意度时，所受服务即为劣质服务；当期望值等于满意度时，所受服务即为标准服务；当期望值小于满意度时，所受服务才是优质服务。

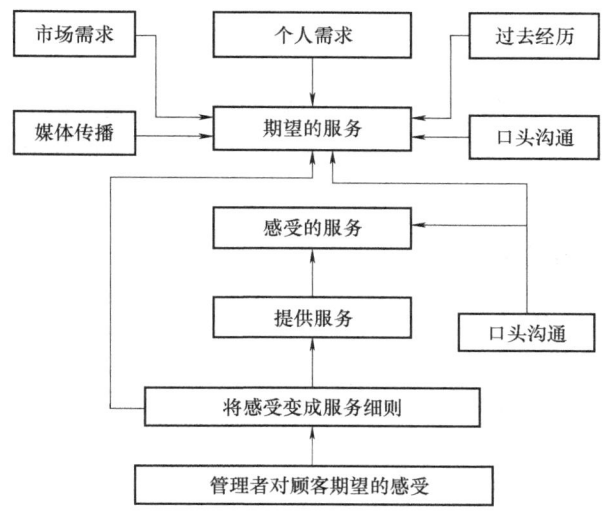

图 4-3 期望值产生的过程

（三）康乐部优质服务的基本特征

康乐部的优质服务是指消费客人对康乐部的管理者和服务员所提供服务的期望值和满意度的相对统一。它的基本特征是建立在规范化服务基础上的个性化服务。

规范化服务即标准化服务，一般可以满足大多数客人的要求。个性化服务则有所不同，它包括情感服务、特色服务、超常服务等特殊内容。

1. 情感服务

情感服务，顾名思义，是企业的管理者或服务员在为消费客人提供服务的过程中倾注了情感的行为。例如，康乐部都建有客人档案，要求服务员熟悉回头客的一般情况，对第二次来消费的客人能以姓氏或者姓氏加职务称呼，如×经理、×小姐等。这种称谓可以使客人产生亲近感，易于拉近企业与客人的关系，使客人时时刻刻都能感到被关注的喜悦，有助于增进客人与企业管理者及服务员之间的感情，使客人的期望值更容易得到满足。

2. 特色服务

特色服务是指向客人提供的具有本企业特点的服务内容和服务行为。

服务行为特色是指通过具体的服务过程和服务细节所体现的本企业的服务特点。服务内容特色多与服务项目密切联系。例如：为订网球的客人免费提供按摩服务，以解除客人运动后的疲劳；对初学保龄球的客人免费提供基础知识和技能方面的培训；健身房免费为客人提供专业化的健身训练指导服务；桑拿浴室为客人提供订餐服务；美发室免费为客人提供头部按摩服务等。

3. 超常服务

超常服务是指经营过程中向消费客人提供的超过常规服务标准和服务范围的服务。它能够满足一些客人的特殊需求，对提高康乐部的声誉有很好的作用。

超常服务是根据"尽量满足客人的一切正当需求的原则"而提出的。提供超常服务除需要企业管理者授权外，还要求服务员具有良好的素质和能力。现在，提供超常服务越来越受到企业管理者和服务人员的重视。

二、优质服务的内涵

评价服务质量优质与否的关键是消费客人对所受服务的满意度是否能达到或超过期望值。那么应从哪些方面考查和评估顾客满意度呢？人们在长期的经营过程中总结出了评估优质服务的五项要素。

（一）服务产品内容与特色

1．项目所能提供的服务

不同的服务项目所提供的服务内容不同。在评估服务质量的优劣时，首先要看第一服务项目是否提供了相应的服务内容及特色服务。如某保龄球馆应提供的服务内容除了必备的保龄球道机器和球之外，还提供公用保龄球鞋、滑石粉、毛巾、茶水、贵宾存球柜等。此外，还应提供其他特色服务，如计分服务、培训服务、洗球服务、打孔及修球服务等。

2．专业和技术

消费客人希望服务员能提供服务相关的专业知识和业务技能，如保龄球服务员的裁判知识、运动知识、示范能力、排除机器故障的能力等。这里所说的知识和能力并不仅仅体现在对客直接服务中，例如保龄球机器设备的维修和保养工作多是在客人不在场的情况下进行的，如果服务人员在这方面的能力较差的话，机器设备的故障率就会增高，由此会引起客人的抱怨。

（二）服务态度与服务行为

1．服务态度

服务态度是指消费客人感知到的提供服务的员工对其友善与否以及为客人解决问题的自愿程度等工作表现。客人需要的服务态度是：热情与诚恳、礼貌与尊重、亲切与友好、谅解与安慰等。管理人员和服务员应通过细致的观察和分析，运用心理学和统计学知识，找出顾客需求的一般规律，从而指导服务工作。

2．服务行为

服务行为是服务提供方为达到服务目的所进行的主要活动。服务行为的优劣主要体现在服务过程中服务员是否主动为客服务，是否按服务规范提供服务等方面。例如在保龄球服务中，客人一时没有选到适合自己使用的公用球，服务员是否会主动帮客人挑选；在游泳池或戏水乐园的服务中，客人的泳圈充气不足时服务员能否主动帮客人充气，等等。细致周到的服务既能提高康乐部的服务档次，又能反映出一个服务员的素质和能力。

（三）服务项目的可参与性和服务工作的灵活性

1．可参与性

可参与性指消费客人参与某些康乐项目、体验参与乐趣的程度。大部分康乐项目的参与性都很强，例如，只有下水游泳才能体验到游泳的乐趣，只有亲自打保龄球才能体验到保龄球的魅力。卡拉OK歌厅之所以发展极快，也是因其具有极强的参与性，人们不仅可以自唱自乐，甚于可以根据自己的需要和喜好进行调音。现在很多新兴的康乐项目都突出了参与性，因此很受人们的欢迎。

2. 灵活性

接受服务的对象是有感情色彩的人,人不仅有物质需求,而且有精神需求,这些需求又因人而异,这就要求提供服务时应具有灵活性。

(1)营业制度上的灵活性。康乐业在经营制度上有很大的灵活性,例如游戏厅在营业初期发现参观的客人多而消费的客人少,于是决定拿出一部分游戏币免费赠给客人试用,此方法立刻产生了促销效果。再如一些卡拉OK歌厅采用了多层次打折收费的制度,制定了多种打折标准。这些灵活的做法对改善服务、促进销售起到了很好的作用。

(2)营业时间上的灵活性。例如戏水乐园在营业旺季采用分场次营业的方式,以便在场间休息时能够集中清理场地,搞好卫生工作,同时在两场之间的时间段引导客人消费其他项目;在营业淡季则采用计时收费或不限时娱乐的经营方式。

再如,有很多康乐场所采用弹性营业时间,某康乐宫平时午夜12:00停业,但此时如果客人兴致正浓,则营业时间将随客人要求而延长。

(3)服务方式上的灵活性。例如,现在很多康乐企业都要求服务员主动服务,但这并不意味着在任何时间和情况下都应主动服务,如果几个生意人正在桑拿休息室内谈生意或其他要紧事,服务员如果过于主动地服务,打断客人谈话,非但起不到好的效果,反而会引起客人的反感。

(4)服务对象上的灵活性。康乐服务是一个动态过程,一方面,被服务对象存在需求差异,客人消费存在随意性;另一方面,康乐消费过程中也会出现一些突发事件,这就要求康乐服务员应该随机应变,在不损害客人利益的原则下,灵活得体地提供服务。例如对不同的服务对象应采用不同的服务方式。如对初次来的客人与经常来的客人、懂运动规则的客人与不懂运动规则的客人、青年客人与老年客人、男士与女士、普通客人与VIP客人等,要视情况灵活服务,以满足不同客人的不同需求。另外,对特殊客人如突然发病或受伤的客人、醉酒的客人、丢失物品的客人、有意捣乱的客人、要求超范围服务的客人、无成人带领的儿童客人、情侣客人等,应区别对待,灵活处理。对不同情况的灵活处理程度能反映出服务员在个人素养、服务技能、应变能力、服务经验等方面的综合水平。

为了使服务员掌握灵活服务的尺度,必须加强其修养,提高其综合服务能力。

(四)可靠性与值得信赖度

这是指在消费过程中出现商定情况或突发事故时,消费客人相信并依赖服务机构及其员工解决问题的能力。

1. 可靠性

可靠性即康乐企业通过管理和宣传,使消费客人相信其设备质量、员工的服务质量和安全保证体系都是可靠的。

在设备方面,如果客人知道某保龄球馆的球道平整度非常好,且机器设备的故障率很低,那么他们将会很愿意到这个球馆打球。

2. 出现异常情况时的应变能力

出现异常情况时的应变能力即消费客人相信无论什么时候出现任何突发事故,服务提供者都能迅速主动地控制事态，及时解决问题。康体娱乐时，突发事故时有发生，如游泳时发生溺水事故，此时服务员如果能有效控制、妥善处理，将会稳定客人情绪，减少事故所造成的损失，降低影响。

（五）物有所值

消费客人认为康乐企业能提供物有所值的服务，并将"物有所值"视作优质服务的一项重要内容。康乐企业出售的设备使用权、场地使用权、人员服务等，都是物质性的，即我们所说的"物"。物美和价廉是辩证统一的。物美建立在一定价格成本基础之上。对企业和消费客人来讲，都不能一味地追求绝对的物美价廉，企业不可能不计成本地追求物美价廉，那样企业将无法生存；消费客人也不应奢望以低价来购买高档产品，那是不现实的。也就是说，消费客人应该以合理的费用购买相应的消费项目和服务档次。

对于企业来说，经营的根本目的在于盈利，物美和价廉是获取盈利的形式和手段。企业不可能也不应该一味地靠增加成本以求物美，也不可能一味地降价竞销。

三、优质服务的提供

提供优质服务的问题实质上就是如何使客人对所受服务的满意度达到并超过期望值的问题。为了达到这一目标，首先应该将客人的期望值量化，就是制定出能令客人满意的服务标准，然后根据这些标准制定出与之相应的服务程序与服务规范。

（一）制定服务标准、服务程序和服务规范

1. 制定服务制度的方法

服务制度包括服务标准和服务程序。服务标准和服务程序可由经理或主管起草，然后向有经验的员工和部分常客征求意见，经过反复修改后再公布实施。

服务制度的内容越详细越好。例如，针对客人抱怨服务效率低的问题，可制定如下服务标准和规范：

（1）针对接听电话问询速度慢的问题，规定问询台服务员必须在铃响两声之内接听。

（2）针对办理交款手续效率低的问题，规定收款和开写单据应该在两分钟之内完成，手续比较烦琐的可适当延长时间。

（3）针对客人在排队等候时易产生急躁情绪的心理，采取在排队的地方增加书报、壁画，或者在保龄球馆、台球厅增加游艺设备的方式，转移客人的注意力。

（二）贯彻实施服务制度

贯彻标准、规范和程序的第一步是对员工进行培训。培训是一项系统工程，它包括确定目标、准备教材、选择教师、设定课程、确定被培训人员及培训方法、考核和评定培训结果等内容。作为一名服务员，无须掌握上述内容，只要充分认识到培训的重要性，把握住培训的机会，达到服务员的标准即可。

管理部门应经常检查标准的执行情况，定期做出评估，并将员工的工资与达标情况挂钩。对于达到标准的服务员应给予肯定或表扬，对于未达到标准的应帮其找出原因，并制定新的实

施方案。有些标准可以打印成册或印在卡片上，以便员工掌握。

（三）服务质量的评定和非优质服务的改进

为了保证提供优质服务，首先应该做好服务质量的评定工作。对优质服务应该坚持；对一般服务应当完善；对不合格服务应当改进。

服务质量的评定应该从两个方面进行，一方面是康乐企业方面的评定，即服务的供方评定；另一方面是消费客人的评定，即服务质量的需方评定。

1. 服务质量的供方评定

这是指通过对服务提供过程进行监督、检查和控制来实现优质服务的评定过程。其核心是对服务提供过程中的关键环节进行控制。只有控制住了这些关键关节，才能较好地控制服务提供过程中的质量。例如，按摩服务的关键环节是按摩技能和服务态度；游泳服务的关键环节是安全和卫生保障工作。控制的步骤首先是对这些关键环节进行定量或定性分析，然后对分析结果进行验证。

服务质量的供方评定包括管理人员的评定和服务人员的评定两部分。前者是自上而下的有组织的检查与评定，例如服务质量检查小组的检查与评定，各级管理人员在服务提供过程中的巡视检查等。此外，服务员和间接提供服务的其他员工也应该加强服务质量的自我评定工作，例如由基层服务员组成的质量管理小组的评定和服务员个人的评定。

2. 服务质量的需方评定

需方是指康乐服务产品的购买方，即消费客人。对服务质量的优劣评定最终取决于消费客人的感受，他们对服务质量的评定是最有价值的。

客人对服务质量的评定，有时是有意识的，有时是无意识的，而且这种评定多具有被动性，只有当他们认为自己的利益受到损害、感到心理不平衡时才会以投诉这种方式评定服务质量。为了及时反馈客人意见，康乐部应积极引导客人主动提出对本部门服务质量的看法、意见和建议。

客人对服务质量的评定往往带有滞后性，他们一般在货比三家后，才会评出其中服务质量最好的一家，因此，服务质量的管理机构不仅要对客人的现场评价给予重视，更要对客人的事后评价给予重视，然后对这些评价资料进行收集、分析和整理，最后得出结论。

服务质量的供方和需方的评定结果有时一致，有时不完全一致，有时可能完全不一致。这是由于作为供方的康乐部门和作为需方的消费客人对服务的评定标准有差异，对服务的感受亦有差异的缘故。客人会因国籍、民族、文化、经历、年龄、喜好的不同而对服务质量做出不同的评价。虽然这种评价有时是客人群体中的个别意见，但是具有共性的总体评价就是从这些众多的个别评价中综合出来的。不管怎样，供方评定和需方评定在满足顾客的需求从而取得合理效益这个根本利益上是一致的，这也是进行服务质量评定和改进服务质量的根本目的。

（四）非优质服务的改进

非优质服务主要指不合格服务，另外，有些一般水平的服务也属非优质服务。需要说明的是，优质服务的标准不是一成不变的，即便是优质服务，也需进一步完善和提高。这里主要讨论的是不合格服务的纠正和改进。

不合格服务是指未达到规定要求的服务。需要指出的是，消费客人有时会提出超出服务规范和标准的要求，如果其要求没有得到满足，便会认为所受服务是不合格的。这时，不能简单评定所供服务是不合格的。当然，我们应该分析研究客人超出规范的需求能否纳入规范，因为规范的制定是以满足消费群体的需求为目的的。

1．识别和记录不合格服务

为了对不合格服务采取改进措施，首先要分清合格服务与不合格服务，特别是识别不符合规范和标准的不合格服务，然后将其记录在案，在做出初步处理后进一步研究改进措施。

2．分析不合格的原因，采取改进措施

在采取改进措施前，必须分析产生不合格服务的原因。分析工作可从两方面进行，即现场对策分析和事后系统分析。现场对策分析应抓住重点、了解不合格服务是否对客人造成了伤害，以便迅速做出判断并采取补救措施；事后系统分析是为了进一步分析发生不合格服务的有关因素和深层次原因。事后分析常对一定时期内发生的不合格服务进行综合分析，以便寻找出带有规律性的原因。

找到产生不合格服务的原因之后，就可以有针对性地制定改进服务质量的措施了。一方面，在问题发生的现场，立即采取积极的改进措施，必要时可给客人适当的物质补偿；另一方面，在对引发不合格服务的深层次原因进行分析和评价后，应采取进一步的改进措施。如在服务质量管理体系中制定相关的督导制度，修正有关的规章制度，加强招聘新员工时的考查和筛选工作，维修或更新服务设施等。

服务质量的改进过程是不断发现问题、解决问题的循环过程，在这一过程中，康乐部的服务质量一定会得到不断提高。

四、安全知识

（一）安全防护知识

在康乐服务过程中，掌握必要的安全防护和消防知识十分重要。首先，要树立安全意识，防患于未然。其次，要掌握安全知识。了解何为危险物质，何为危险场所，如何预防危险事故的发生等。再次，掌握处理危险事故的基本技能，如火灾报警、灭火器的使用、事故发生时的应急方法等。总之，树立安全意识，掌握安全知识，遵守各种安全法规是安全生产和生活的重要方面。目前，我国已颁布的安全法规有100多项，使用的安全技术标准有400多项，了解和掌握这些法规，自觉遵守这些法规，就会规范安全行为，提高安全系数。

康乐场所是人群相对密集的区域，如歌舞厅、迪厅、游泳场馆等，一旦出现意外，很容易酿成重大事故。作为康乐场所的管理者，必须制定周密的安全措施和应急方案。康乐场所要有足够的安全通道，通道要畅通，便于识别。要保证电气和机械设备运行状态良好。对可能出现的停电、失火、拥挤等意外事件要有充分的心理准备和应急措施。遇到意外事件时，要服从指挥，服从统一疏导。

（二）引发伤害事故的原因

1．健身房易发事故及其原因

由于健身设备的功能不同，客人的身体素质不同，发生事故及运动损伤的原因也不同，归纳起来主要有以下五种：

（1）心肺功能训练器、自由重量训练器造成的损伤。

（2）客人使用不当造成的损伤。如减速跑步时，没有按停止按钮，未使机器慢慢停下而造成的伤害。

（3）器械本身发生故障，突然停止、脱落或松懈，引起擦伤、扭伤，甚至骨折等伤害事故。

（4）因使用者的身体素质、心理状态、肌肉状态、技术状态不佳，使动作失控而导致的伤害。

（5）由于服务人员保护不当而造成的伤害，如卧推杠铃时保护不当，致人伤之。

2．游泳池易发事故及其原因

（1）由于水质混浊、清澈度不够，或超员等原因引发的事故。

（2）由于救生人员看护力度不够、救生人员不足或无救生员而引发的事故。

（3）由于游泳者自身疾患或不良嗜好，如因患心血管病、高血压而引发的事故；因酗酒而引发的溺水事故等。

（4）由于游泳者体力状态欠佳，如疲劳、体力不支、准备活动不充分而引发的事故。

（5）由于游泳者技术水平不佳而引发的事故。此类情况极易引发溺水、溺亡等严重事故，救生人员或新到的服务人员必须特别注意，不许脱岗。

3．球类运动易发事故及其原因

（1）由于活动场地、活动空间、天气变化等原因造成的事故，如地面不平致人摔伤。

（2）用具使用不当引发的事故。

（3）心理状态不佳、注意力不集中引发的事故。

（三）伤害事故的预防

为了预防和减少伤害事故，首先要从分析事故发生的内在及外在原因入手，采取相应的预防措施。

1．内在原因的预防

（1）应让客人了解自己身体的状况和特点，找出容易引发伤害事故的隐患。如是否有先天性疾病，心肺功能是否良好，肢体的柔韧性如何等。

（2）在进行康体娱乐活动特别是健身训练之前，要让客人做好热身运动，使肌肉、关节及相关器官活动开。每次剧烈运动之后，应让客人做一些较温和的整理运动，以便让心脏血管系统功能恢复正常，以帮助排出肌肉内的代谢物质。

（3）应让客人进行身体状态的适应性训练。肌肉在经过适应性训练后，可降低持久及剧烈运动时受伤和发生事故的概率，并对关节及各器官产生一定的保护作用。有规律的伸展练习可增加身体的柔韧性，从而减少受伤的机会。

（4）应让客人做好运动前的心理准备工作。每进行一项运动之前，必须让客人对该项运动有所了解，这样可帮助运动者集中注意力，缓解紧张情绪及建立信心，还可加深了解自己的能力及弱点。同时，还应让客人掌握缓解的必要知识。

2．外在原因的预防

（1）熟悉康乐环境。安排康乐活动应视场地是否合适及空间是否足够而定，尤其应注意排除潜在的危险及其他环境因素的干扰，如天气、光线、声音等。

（2）进行适当的服务及技术性指导。无论是教练、指导员、服务员，还是其他相关人员，都应对其责任区内的运动项目、康乐设施有足够的认识，了解客人在体能及技术上的个体差异，以便有针对性地进行指导和服务。另外，要根据客人的能力进行循序渐进的训练，不能要求客人去做一些超出其能力的练习。在指导训练时，教练员要做好保护工作。

（3）检查用具设备及运动服装。在进行杠铃、哑铃、双杠等自由重组训练前，应认真检查相关设备。不同的运动场合应穿不同的运动服装及鞋袜，如跑步时不能穿皮鞋、不能赤脚或穿没有减震功能和快速旋转功能的网球鞋。另外，服务员还要随时检查安全用具的数量及质量，如安全垫的浮皮是否合适等。

（4）合理使用保护性用品。合理使用支架、眼罩或弹性绷带等保护件用品，可降低运动受伤的可能性，但也不要过度依赖保护性用品。

（5）遵守活动规则。在进行康体锻炼时，参与者须了解有关活动规则及安全守则，以免造成不必要的伤害事故。

客人使用康体娱乐设施时虽然难以完全避免出现意外事故，但只要做好上述预防工作，发生事故的概率就会大大降低。

（四）游泳场馆安全培训

游泳场馆是指宾馆饭店、公园等有游泳戏水项目的娱乐场所及由企事业单位、机关团体、学校、部队管理的游泳场所，是人民群众健身、娱乐、消遣、休息的公共活动场所。

随着游泳人员的增多及其层次和成分复杂化，游泳场馆从单一的游泳、纳凉功能向娱乐、休闲等多功能方面发展，这就使管理工作越来越复杂，发生治安事故和溺亡事故的概率也越来越大。因此，对游泳场馆工作人员进行安全培训是十分有必要的。

（1）它可以加强游泳场馆管理人员的安全意识，提高管理水平，从而带动全体工作人员形成重视安全工作的风气，以减少安全事故的发生。

（2）它可以使场馆管理人员进一步了解公安机关对游泳场馆实施行政管理的内容、程序及执法手段，从而互相配合，达到做好安全防范工作的目的。

（3）通过培训，可以为消费者提供良好的康乐场所，对提高社会生活环境质量起到积极的促进作用。

五、伤害事故处理

（一）伤害事故的分类

在康乐活动中，身体任何部位都有可能受伤，而不同的受伤类型其处理方法不同，因此有必要对不同创伤进行分类。事故创伤的类别大致有8种。

（1）擦伤：指皮肤的损伤，多因不慎跌倒摩擦受伤，易引发感染。

（2）撞伤：因皮下组织受撞击而产生瘀肿现象，但皮肤未破裂。

（3）扭伤：关节周围的韧带撕裂。患处红肿，有疼痛感。

（4）拉伤：指肌肉或肌腱因过度伸展以致撕裂。

（5）劳损：身体某些组织（如软组织或骨骼）因被过度重复使用，超越自身承受力而致损伤。

（6）骨折：因外力作用使骨骼的完整性受到破坏。外力作用主要包括急性撞击或扭曲、因长期负荷运动也会产生疲劳性骨折；除了具有疼痛、红肿等一般创伤的症状外，还有变形、肌肉痉挛、活动时有声响等症状。

（7）脱臼：指关节的骨端关节面脱离正常的位置，发生关节功能障碍。通常情况下，依附在关节周围的韧带会撕裂，关节会松脱，导致关节变形或不正常扭曲。疼痛、肌肉痉挛及关节脱臼会令关节的可动性大大降低甚至消失，严重者可同时引发骨折。

（8）过热所致损伤。

① 热痉挛：在高温下运动过度失去体液或电解质紊乱，从而导致肌肉强烈收缩。

② 热衰竭：在高温下运动使体内水分或盐分大量丧失，导致极度疲倦、晕眩，甚至失去知觉。

③ 中暑：人的体温持续上升，不能用出汗的方法调节体温时就会中暑。患者一般神志不清，全身痉挛，皮肤热而干燥，甚至不省人事。

（二）伤害事故的处理措施

一旦发生伤害事故，服务人员应果断采取措施。

1. 判断伤势

通过望、闻、问、切等方式，对伤者的肌肉、关节、骨骼、神经系统进行检查，判断伤势的严重程度，选择相应的处理措施。如果是轻伤，进行简单的治疗（如冰敷及适当包扎）即可。另外，应注意将伤者移离阳光直射之处，以免伤势恶化。如果伤势比较严重，则须将伤者送往医院，由医生诊断及治疗。

2. 常见创伤的处理方法

（1）切割伤或擦伤的处理方法。最主要的是止血。若出血不多，可用卫生棉挤出少许被污染的血，再用创可贴或纱布包扎即可。如果切割伤口很深，流出的血是鲜红色且血流很急，甚至往外喷血，可判断为动脉出血，必须把血管压住，即压住伤口距心脏最近部位的动脉（止血点），才能止住血。如果致伤的锐器生锈，在进行简单创面处理后，必须去医院注射破伤风预防针，以防伤口感染。如果手指或脚趾全部被切断，应马上用止血带扎紧受伤的手或脚，或用手指压迫受伤的部位，以达到止血的目的。断指用无菌纱布或清洁棉布包扎，断离的手指、脚趾也要用无菌纱布包裹。如是夏天，最好将其放入冰桶，绝对禁止用水或任何药液浸泡，以免破坏再植条件。然后将伤者立即送往医院进行手术。

（2）烫伤或烧伤的处理方法。对于烫伤与烧伤，最重要的是冷却创面。皮肤明显红肿的一般为轻度烫伤，要立即用冷水冲洗几分钟，再用干净的纱布包好。重一点的烫伤局部皮肤会起水泡，疼痛难忍、发热，须立即用冷水冲洗30分钟以上；为使患部不留下疤痕，不能碰破水泡，以防细菌感染。如果烫伤的部位很脏，可用肥皂水冲洗，但不可用力擦洗，待吸干水分后，盖上消毒纱布，用绷带包好。经包扎后若局部发热、疼痛，并有液体渗出，应马上到医院接受治疗。

烧伤一般为电击伤或化学烧伤。如果创面水泡已破，局部被脏物污染，应先用生理盐水处理，清洁周围皮肤，再盖上消毒纱布，用绷带加压包扎，最好到医院诊治。

（3）骨折的急救方法。因外力致骨骼完全断裂或不完全断裂称作骨折。骨折后应采取下列措施：①若伤口出血，应先止血，然后包扎，再固定骨折部位。②固定伤骨时，用木板、杂志、纸板等材料作为支撑物,扶托包括骨折断端上下两个关节在内的整个伤肢,这样才能保证骨折部位不错位。③固定时应在骨突处用棉花或布片等柔软物品垫好,以免磨破突出的骨折部位。④固定骨折的绷带松紧应适度,并露出手指或脚趾尖,以便观察血液流通情况。⑤立即送医院治疗。

（4）脚踝关节损伤急救方法。脚踝关节损伤在运动中是最常见的,如打篮球、踢足球或跳高时,双脚着地不稳会令足踝不正常扭动,致脚踝肿痛或变形。急救时,应将脚踝处抬高,用冰敷患处,均匀地施压于患处。经处理后仍需到医院做进一步检查,通过 X 光检查是否骨折或韧带撕裂。患者切忌急于恢复运动训练,否则会留下后遗症,影响日后运动。

（5）椎骨创伤事故的急救方法。在康乐服务中,如果遇到椎骨特别是颈椎创伤患者,必须认真处理,切勿掉以轻心。如果伤者感到颈部极度痛楚,并出现瘀肿现象,可能会是颈椎骨折。必须由专人进行急救,切勿移动颈部,否则会导致永久性瘫痪。骨科大夫会通过 X 光检查确定是否进行手术治疗。

（6）水上安全事故的处理方法。在水上游乐场、室内外游泳场馆等地,一旦发生淹溺,进行现场急救十分必要。其过程如下：
① 立即消除溺水者口鼻内的污泥、杂草、呕吐物,若有假牙应取下,保持呼吸道通畅。
② 垫高溺水者腹部,使其头朝下,压拍其背部,迫使体内积水从口、鼻流出。此项救助时间不宜过长,而应抓紧时间进行复苏急救。
③ 随后,让溺水者仰卧于硬板或地上,打开气道,口对口吹两口气,再检查颈动脉是否正常跳动。
④ 对呼吸、心跳停止者,应立即实施人工呼吸及胸外心脏挤压等急救措施。
⑤ 迅速拨订急救电话 120。
⑥ 送医院途中不可中断急救。

第三节

康乐部投诉的处理

引起投诉的主要原因是客人对所受服务的满意度小于期望值,由此产生抱怨和不满情绪。如果这种情绪得不到及时宣泄,就会引起投诉。

一、设备设施出现故障引起投诉

设备忽然出现故障很容易引起客人抱怨,特别是当客人兴致正浓时更是如此。如果故障连续出现或者短时间不能被排除,就可能引起投诉。在康乐项目经营过程中,这种投诉所占的比例很大。例如：保龄球机器的扫瓶板突然落下,戏水乐园的更衣柜的门锁不上等。此外,游泳池地面瓷砖破裂,划伤客人；桑拿炉出现故障,功率下降,升温太慢,无法满足客人要求；空调出现故障，使室内温度高于28℃；打台球的球杆弯曲变形，使客人无法正常打球；保龄球馆的公用球破损过度；壁球厅地面不够平整；等等，这些设备问题都可能引起投诉。

二、服务员礼貌礼节不周引起投诉

这是由于服务员的不礼貌行为使客人受尊重的需求得不到满足而引起的投诉。这类投诉一般有如下几种情况：服务员在服务中不使用礼貌语言，看见客人有违规行为时大声训斥，使本来用礼貌言行就能解决的问题得不到解决，有时甚至使矛盾激化；服务动作随意，如向客人递送保龄球鞋时很随便地扔在柜台上；服务员的站姿或坐姿很懒散，例如游泳池的救护员跷着二郎腿半躺半靠在椅子上等。

三、工作效率低引起投诉

这类投诉一般和其他类投诉合并产生。例如：戏水乐园进门处服务员收票、发钥匙的速度太慢；电子游戏机投币器出现故障，服务员排除故障不及时；台球厅服务员开写单据时慢慢腾腾；桑拿浴室浴巾不够用，服务员未及时补充；玩保龄球的客人需要饮料，服务员未及时提供等。

四、服务态度不认真引起投诉

各康乐项目都可能发生此类投诉，例如：桑拿浴室给客人提供的毛巾有破损（多半被洗衣机刮破），服务员嫌麻烦不愿意换新的；给客人送饮料时将饮料溅出，弄脏了客人的衣服，未能及时道歉并主动提出解决问题的办法；为客人讲解游戏规则或运动规则时不认真，对客人提出的问题未及时回答；卡拉OK歌厅服务员在传递歌单时搞错了前后顺序，又不接受客人批评；游泳池救护员在救护时态度和动作都很随意；客人丢失物品后不能主动认真地帮助查找；客人生病或遇到其他困难时态度冷漠；按摩员在为客人做按摩时心不在焉、敷衍了事等。

五、卫生状况不好引起投诉

消费客人对卫生状况要求很高，因卫生条件差引发的投诉很多。例如：游泳池池水混浊，或地面有青苔，池壁有污渍；游泳池或桑拿浴室的更衣室内有蟑螂或老鼠；桑拿浴室休息室沙发上垫布太脏，没有做到按摩床上的垫布一客一换；保龄球道的发球区有油渍；高尔夫球杆有汗渍；保龄球鞋有脚臭味；电子游戏机手柄上有油泥；麻将室的麻将牌上有油泥污渍等。

六、因索要小费引起投诉

小费是消费客人对服务员所提供服务的额外奖励，是对服务质量的一种认可和评价，小费数额一般与客人满意程度成正比关系。付小费是西方国家服务行业很普遍的现象，虽然这种约定俗成的方式对中国的消费市场产生了很大影响，但并未得到社会的普遍认可，有个别服务员向客人暗示或直接索要小费，往往会引起客人反感并引发投诉。

七、因语言沟通不畅引起投诉

此类投诉发生的概率不高，其处理难度也不大，但它在各康乐场所都发生过，因此应引起人们的重视。此类投诉发生的原因有：对于有关规定缺乏解释易引起投诉，例如，有的游泳场所规定客人必须戴泳帽入水，但并未解释这是为了避免脱落的头发堵塞池水过滤系统的管道，因此使客人产生游泳场所想多卖泳帽或"多事"的误解；因不了解不同地域的不同习俗而称呼不当致客人不满等。

八、由于服务经验不足、处理问题不当引起投诉

例如：一些康乐设备较容易出现故障，如自动洗牌麻将机、模拟高尔夫机、电子游戏机等，服务员因经验不足不能及时排除故障而引起客人投诉；遇到比较挑剔的客人，会使没有经验的服务员不知所措，进而引起投诉；在服务过程中发生突发事故，如断电、天花板突然漏下污水、客人突然休克、客人与客人之间发生殴斗等，如果服务员没有经验，就会使事态扩大，增大后期处理问题的难度。

九、因各部门之间缺乏协调引起投诉

例如：客人通过客房预订保龄球道或网球场地，而当客人到了现场，却被告知未接到预订通知，也会引起客人不满；客人通过桑拿服务员向吧台购买鲜榨果汁，但过了较长时间才被告知所点果汁已经无法供应了，导致客人投诉；游泳池水温过低，有关服务员没有及时通知工程部加温，会引起客人抱怨。其他诸如客用更衣柜锁出现故障或钥匙丢失，服务员没有及时找到维修人员来解决问题；康乐部同意向某团体客人提前开放游戏厅，但却忘记通知财务部售游戏币人员提前到岗，致使无法按时营业等，都会导致客人抱怨。

十、服务技能差引起投诉

这里所说的服务技能是狭义的技能，主要是指纯技术方面的能力，不包括处理人际关系方面的语言技巧和协调能力等。不同的康乐项目要求服务员具备相应的技能，否则就不可能使客人满意，甚至会引起投诉。例如：游泳池救护员的救护技能差，就可能在救护过程中使客人受到伤害；台球、高尔夫球服务员如果不懂运动规则又没有示范能力，就不能满足客人在这方面的需求；游戏机服务员如果不会使用游戏机，就无法指导客人使用；按摩服务员如果技能差，就不会达到使客人保健的目的，不正确的技法还可能起到反作用，甚至使客人受到伤害。诸如此类的情况都可能引起客人的投诉。

十一、出现意外情况引起投诉

在康乐活动中，意外情况时有发生，由此引发的投诉也在所难免。这类投诉的数量不多，

但处理难度较大。例如：戏水乐园的更衣柜被撬，客人称丢失了巨额财产；游泳客人在淋浴时无意间碰到热水开关而烫伤了皮肤；客人在玩水滑梯时与其他客人碰撞受伤；因打保龄球时动作不正确而滑倒摔伤等，都会引起投诉。

第四节 处理投诉的原则和方法

尽管投诉的内容和形式各不一样，每件投诉的处理方法也不一样，但是处理投诉时所依据的原则和标准却是统一的。

一、处理投诉的原则

（一）不扩大事态

绝大部分消费客人的投诉动机是善意的，他们一方面是为了促使企业改进工作，另一方面是为了得到某种形式的补偿，只有极少数人是出于某种恶意而投诉。客人投诉的形式各不相同，有委婉的，有平和的，也有言辞激烈的，甚至有威胁漫骂的。不管遇到什么样的投诉，处理原则之一就是不扩大事态，不激化矛盾。

（二）依法、依规处理

处理投诉时必须以事实为依据，以有关法规为准绳，有理、有利、有节地进行。因此，康乐部门或康乐企业的管理人员和服务人员必须熟悉相关的法律法规及有关的地方性法规。

（三）兼顾企业、消费客人、服务员三方利益

企业、客人、服务员三方的利益是对立统一的。其对立的方面表现在：只强调企业的利益，就可能伤害消费客人或服务员的利益，例如在处理客人要求经济赔偿的投诉时，如果企业坚决不赔，就可能伤害客人利益；如果完全由企业赔偿，就可能伤害企业利益；如果完全由服务员赔偿，就可能伤害服务员的利益。当然，这只是简单举例，在具体处理这类投诉时，应该了解事实，依据规定，合理合法地进行，尽量兼顾企业、客人、服务员三方的利益。

二、处理投诉的方法

（一）明确角色，摆正关系

客人投诉一般都事出有因，一方面是对硬件设备不满意，另一方面是对软件（即服务态度、

服务能力等）不满意，这在很大程度上反映出康乐部门提供的服务与客人的需求之间存在一定差距。为此，康乐部门应当把处理投诉当成改进工作的契机，摆正与客人之间的关系，自觉地站在客人的角度看待和处理问题，对工作中存在的不足之处，能够改进的应当立即改进，对暂时改进不了的应当委婉地向客人解释清楚，然后采取进一步积极的措施。

（二）态度诚恳，虚心接受

处理投诉时，首先应该以诚恳的态度，虚心接受客人的意见，本着尽量把投诉大事化小、小事化了的原则行事。如果碰到情绪激动的顾客，则应先设法稳定其情绪，如先请其离开事发现场，到咖啡厅或办公室再做进一步处理，切不可态度冷漠，让客人难堪，这样容易激化矛盾，增加解决问题的难度。在处理投诉的过程中，不能因为客人的投诉与自己无直接关系，或不属于自己的服务范围，采取事不关己高高挂起的态度，把问题推给上级处理。例如，客人投诉空调问题时，服务员不能说："这是工程部的问题，我解决不了。"而应该说："可能是空调器出了问题，我马上设法通知工程部门来修理，现在让您感觉很热，真对不起。"

在处理投诉时，应提倡首问负责制，即第一个受理投诉的服务员应负责给客人一个有效的答复。另外，不管客人的投诉是不是有道理，受理者都应当耐心听取投诉意见，对于绝大部分意见都应当虚心接受，并对客人表示同情和歉意。对于个别不合理的要求，应该委婉地解释，切忌据理力争，更不能反唇相讥，以免激化矛盾。

（三）不同情况，区别对待

对具体的投诉意见或要求，应在了解事实经过的基础上进行具体分析，然后采取有针对性的措施。下面就几种有代表性的投诉意见及其处理方法进行探讨。

1. 建设性的意见

例如，若游泳池上午不开放，一些有晨练习惯的客人建议将开放时间提前到早上；若戏水乐园分场次开放，一部分客人建议连续开放、计时收费……对于提这类意见的客人，应向其表示感谢，并对给客人带来的不便表示歉意，然后把客人的意见如实反映给管理者，能够马上改进的，要尽快答复客人。

2. 希望得到尊重的投诉

这类客人大多自尊心比较强，当他们感到自己的自尊受到伤害时就会投诉，有时会情绪激动，言辞激烈。处理这类投诉应该先向客人道歉。即便客人不全占理，也应由服务员或管理人员向客人致歉，把"对"让给客人，即：给错了的客人一个台阶；给吵闹的客人一点面子；给并无恶意的客人一些体谅；给需要道歉的客人一份安慰。

在向客人道歉时要根据具体情况处理。如果当事的服务员很理智，管理人员可要求其当面道歉，服务员为此感觉受到委屈时，可事后再对其进行安慰；如果当事的服务员不够理智，正在火头上，这时要求其向客人道歉反而达不到解决问题的目的，应由其他服务员或管理人员道歉，事后应当对当事服务员批评处理。

3. 要求得到补偿的投诉

有些客人投诉除了要求在精神方面得到安慰外，还要求得到物质补偿。这一方面是由于发生了某种事故给客人造成了直接的经济损失，例如：玩水滑梯时由于摩擦生热而使泳装损坏；

在淋浴时被热水烫伤；在打保龄球时滑倒摔伤；在游泳时存在更衣柜内的物品被盗等。另一方面是由于处理事故的时间较长，客人要求得到时间上的经济补偿。

4．极不理智的客人的投诉和恶意违反规定的客人的投诉

不能否认，有个别客人在进行康体娱乐时会有一些不文明行为甚至违规行为，对这类特殊事件如果处理不当，个别当事人便会恶意投诉，显然这类投诉在投诉中所占的比例很小，但处理起来却很麻烦。如果按客人的意见处理问题，就会给企业或部门带来损失，或者给员工带来伤害；如果拒绝接受客人的意见，有的客人就可能把事情闹大。

当出现这类事件时，康乐企业不能盲目地奉迎客人，而置政策法规、社会道德、员工利益于不顾。康乐企业与顾客之间一方面是服务方与被服务方的相互依存关系；另一方面是公平交换的买卖关系。康乐部只要依据有关法律法规，对买卖契约认真执行、热情服务就足够了。

参 考 文 献

[1] 陈晓鹏，胡海涛，张淑英．国际邮轮与服务[M]．长沙：湖南大学出版社，2014．
[2] 王诺．邮轮经济[M]．北京：化学工业出版社，2008．
[3] 崔慧玲．国际邮轮乘务专业人才需求分析[J]．价值工程，2013，29：279-280．
[4] 王宇．高职院校国际邮轮乘务专业课程设置研究[J]．旅游纵览，2008（8）．
[5] 胡顺利，张颖衍，张红升．国际邮轮乘务专业人才培养模式可行性研究[J]．天津经济，2014（7）．
[6] 胡顺利．"产教融合、校企合作"机制下高职院校国际邮轮乘务专业人才培养模式可行性研究[J]．开封教育学院学报，2014（7）．
[7] 邬玮玮．高职院校国际邮轮乘务专业人才的培养路径[J]．航海教育研究，2014（4）．
[8] 苏枫，钟志峰．国际邮轮乘务专业校内实训室建设探索与研究——以武汉航海职业技术学院国际邮轮专业实训室建设为例[J]．辽宁经济管理干部学院，2014（4）．
[9] 杨杰．邮轮实用英语[M]．北京：对外经济贸易大学出版社，2010．